OS CONDOMÍNIOS FECHADOS E O DIREITO À CIDADE

WAGNER BARBOSA PEDROTTI

Prefácio
Anderson Orestes Cavalcante Lobato

OS CONDOMÍNIOS FECHADOS E O DIREITO À CIDADE

Belo Horizonte

2022

© 2022 Editora Fórum Ltda.

É proibida a reprodução total ou parcial desta obra, por qualquer meio eletrônico, inclusive por processos xerográficos, sem autorização expressa do Editor.

Conselho Editorial

Adilson Abreu Dallari
Alécia Paolucci Nogueira Bicalho
Alexandre Coutinho Pagliarini
André Ramos Tavares
Carlos Ayres Britto
Carlos Mário da Silva Velloso
Cármen Lúcia Antunes Rocha
Cesar Augusto Guimarães Pereira
Clovis Beznos
Cristiana Fortini
Dinorá Adelaide Musetti Grotti
Diogo de Figueiredo Moreira Neto (*in memoriam*)
Egon Bockmann Moreira
Emerson Gabardo
Fabrício Motta
Fernando Rossi
Flávio Henrique Unes Pereira

Floriano de Azevedo Marques Neto
Gustavo Justino de Oliveira
Inês Virgínia Prado Soares
Jorge Ulisses Jacoby Fernandes
Juarez Freitas
Luciano Ferraz
Lúcio Delfino
Marcia Carla Pereira Ribeiro
Márcio Cammarosano
Marcos Ehrhardt Jr.
Maria Sylvia Zanella Di Pietro
Ney José de Freitas
Oswaldo Othon de Pontes Saraiva Filho
Paulo Modesto
Romeu Felipe Bacellar Filho
Sérgio Guerra
Walber de Moura Agra

FÓRUM
CONHECIMENTO JURÍDICO

Luís Cláudio Rodrigues Ferreira
Presidente e Editor

Coordenação editorial: Leonardo Eustáquio Siqueira Araújo
Aline Sobreira de Oliveira

Rua Paulo Ribeiro Bastos, 211 – Jardim Atlântico – CEP 31710-430
Belo Horizonte – Minas Gerais – Tel.: (31) 2121.4900
www.editoraforum.com.br – editoraforum@editoraforum.com.br

Técnica. Empenho. Zelo. Esses foram alguns dos cuidados aplicados na edição desta obra. No entanto, podem ocorrer erros de impressão, digitação ou mesmo restar alguma dúvida conceitual. Caso se constate algo assim, solicitamos a gentileza de nos comunicar através do *e-mail* editorial@editoraforum.com.br para que possamos esclarecer, no que couber. A sua contribuição é muito importante para mantermos a excelência editorial. A Editora Fórum agradece a sua contribuição.

Dados Internacionais de Catalogação na Publicação (CIP) de acordo com a AACR2

P372c	Pedrotti, Wagner Barbosa
	Os condomínios fechados e o direito à cidade / Wagner Barbosa Pedrotti. - Belo Horizonte : Fórum, 2022.
	149 p. ; 14,5cm x 21,5cm.
	Inclui bibliografia.
	ISBN: 978-65-5518-377-1
	1. Direito. 2. Direito Urbanístico. 3. Direito Municipal. 3. Direito Ambiental. 4. Direito Tributário. 5. Direito Administrativo. 6. Direito Constitucional. 7. Sociologia. 8. Geografia. 9. Arquitetura. I. Título.
2022-1128	
	CDD: 341.374
	CDU: 349.44

Elaborado por Vagner Rodolfo da Silva – CRB-8/9410

Informação bibliográfica deste livro, conforme a NBR 6023:2018 da Associação Brasileira de Normas Técnicas (ABNT):

PEDROTTI, Wagner Barbosa. *Os condomínios fechados e o direito à cidade*. Belo Horizonte: Fórum, 2022. 149 p. ISBN 978-65-5518-377-1.

*Dedico este trabalho aos meus filhos Yuri e Kyara,
meus pais Faustino e Nara, e minha esposa Micheli.*

Nas grandes cidades do pequeno dia-a-dia
O medo nos leva a tudo, sobretudo a fantasia
Então erguemos muros que nos dão a garantia
De que morreremos cheios de uma vida tão vazia
Nas grandes cidades de um país tão violento
Os muros e as grades nos protegem de quase tudo
Mas o quase tudo quase sempre é quase nada
E nada nos protege de uma vida sem sentido.

(Engenheiros do Hawaii. Muros e grades.)

LISTA DE ABREVIATURAS E SIGLAS

APP – Área de Preservação Permanente
Art. – Artigo
CONPLAD – Conselho do Plano Diretor de Pelotas
Ed. – Edição
EUA – Estados Unidos da América
Ha – Hectare
Hab – Habitante
IBGE – Instituto Brasileiro de Geografia e Estatística
ID – Índice de Dissimilaridade
INCRA – Instituto Nacional de Colonização e Reforma Agrária
IPTU – Imposto sobre a Propriedade Predial e Territorial Urbana
ITBI – Imposto sobre a Transmissão de Bens Imóveis
Km² – Quilometro quadrado
MUB – Mapa Urbano Básico
M² – Metro quadrado
N. – Número
ONU – Organização das Nações Unidas
P. – Página
PL – Projeto de Lei
PMCMV – Programa Minha Casa Minha Vida
REsp – Recurso Especial
SIG – Sistema de Informações Geográficas
SGCMU – Secretaria Municipal de Gestão da Cidade e Mobilidade Urbana
SQA – Secretaria Municipal de Qualidade Ambiental
STJ – Superior Tribunal de Justiça
URM – Unidade de Referência Municipal

LISTA DE FIGURAS

Figura 1 – Evolução da área urbana de Pelotas entre 1815 e 1930 41

Figura 2 – Evolução da área urbana de Pelotas até 1957 41

Figura 3 – Evolução da área urbana de Pelotas até 1983 42

Figura 4 – Evolução da área urbana de Pelotas até 2002 42

Figura 5 – Regiões administrativas da zona urbana de Pelotas 105

Figura 6 – Regiões administrativas do São Gonçalo e do Laranjal 107

Figura 7 – Condomínios urbanísticos em Pelotas 115

Figura 8 – Ortofoto do Lagos de São Gonçalo 119

Figura 9 – Disposição de lotes e urbanizações do Lagos de São Gonçalo   120

Figura 10 – Ortofoto do Veredas Altos do Laranjal 121

Figura 11 – Disposição de lotes e urbanizações do Veredas Altos do
Laranjal 122

Figura 12 – Delimitação territorial do Alphaville Pelotas 1 e 2 125

Figura 13 – Ortofoto do Alphaville Pelotas 1 e 2 126

Figura 14 – Disposição de lotes e urbanizações do Alphaville Pelotas 127

LISTA DE GRÁFICOS E TABELAS

Gráfico 1 – Proporção da distribuição de imóveis com diferentes valores venais 136

Tabela 1 – Taxa de urbanização das regiões brasileiras em percentual..... 37

Tabela 2 – Evolução dos indicadores criminais da cidade de Pelotas/RS. 50

Tabela 3 – Densidade populacional por região administrativa................. 106

Tabela 4 – Comparativo de densidade populacional nos condomínios de Pelotas/RS.. 116

Tabela 5 – Comparativo de área verde por habitante nos condomínios de Pelotas/RS.. 117

Tabela 6 – Áreas do Lagos de São Gonçalo 119

Tabela 7 – Áreas do Veredas Altos do Laranjal.. 123

Tabela 8 – Áreas do Alphaville Pelotas 1 129

Tabela 9 – Áreas do Alphaville Pelotas 2 130

Tabela 10 – Áreas apropriadas pelos condomínios urbanísticos em Pelotas/RS.. 133

Tabela 11 – Índice de Dissimilaridade para os condomínios de Pelotas/RS.. 139

SUMÁRIO

PREFÁCIO

Anderson Orestes Cavalcante Lobato 17

INTRODUÇÃO 19

CAPÍTULO 1

ATRIBUTOS DOS CONDOMÍNIOS FECHADOS E SUAS
IMPLICAÇÕES À CIDADE... 23

1.1   Cidadania urbana na formação da cidade capitalista 24

1.1.1   Construção teórica do conceito de direito à cidade 25

1.1.2   Gênese da cidade segregada 30

1.1.3   Formação do espaço urbano 35

1.2   Influências da globalização na urbanização 44

1.2.1   Guetos voluntários de autossegregação 46

1.2.2   Arquitetura do medo como padrão urbano 49

1.2.3   Fragmentação da cidade com a urbanização dispersa 52

1.3   Características comuns dos condomínios urbanísticos 56

1.3.1   Origem dos condomínios fechados 59

1.3.2   Externalidades das urbanizações fechadas 62

1.3.3   *Gated communities* ao redor do mundo 64

CAPÍTULO 2

LEGITIMIDADE SOCIAL E JURÍDICA DOS CONDOMÍNIOS
URBANÍSTICOS E DO DIREITO À CIDADE 71

2.1   Busca da efetividade do direito à cidade na legislação
brasileira 71

2.1.1   Trajetória de reconhecimento constitucional da política urbana   72

2.1.2   Positivação do direito à cidade no sistema jurídico 73

2.1.3   Contradições entre o direito à cidade e os condomínios
urbanísticos 78

2.2   Distinções das formas de ocupação do solo 80

2.2.1   Parcelamento do solo: loteamento e desmembramento 81

2.2.2	Condomínio: geral e edilício	87
2.2.3	Comparações entre condomínios urbanísticos nas cidades gaúchas	91
2.3	Instrumentos legais que legitimam os condomínios urbanísticos	94
2.3.1	Repartição de competência urbanística em ocupação do solo	94
2.3.2	Normas federais brasileiras sobre os condomínios urbanísticos	97
2.3.3	Normas municipais sobre os condomínios urbanísticos em Pelotas/RS	99

CAPÍTULO 3

MAPEAMENTO DOS CONDOMÍNIOS HORIZONTAIS DE LOTES NA CIDADE DE PELOTAS/RS ... 103

3.1	Peculiaridades urbanas no entorno dos empreendimentos locais	104
3.1.1	Regiões administrativas da zona urbana de Pelotas	105
3.1.2	Região administrativa do São Gonçalo	108
3.1.3	Região administrativa do Laranjal	111
3.2	Condomínios urbanísticos na cidade de Pelotas/RS	114
3.2.1	Condomínio horizontal de lotes Lagos de São Gonçalo	118
3.2.2	Condomínio horizontal de lotes Veredas Altos do Laranjal	121
3.2.3	Condomínio horizontal de lotes Alphaville Pelotas	124
3.3	Apuração dos impactos causados pelos condomínios urbanísticos em Pelotas	131
3.3.1	Áreas públicas apropriadas pelos empreendimentos privados	131
3.3.2	Quantificação da segregação baseada em variáveis imobiliárias	134
3.3.3	Indicadores de segregação socioespacial nas urbanizações fechadas	136

CONCLUSÃO ... 141

REFERÊNCIAS ... 145

PREFÁCIO

A questão urbana está diretamente associada à problemática da desigualdade social e econômica, notadamente no contexto brasileiro. Observa-se claramente o desejo de segregação espacial de modo a evitar os conflitos culturais inerentes à segregação social previamente existente nas cidades no mundo globalizado. O presente trabalho sobre os condomínios fechados em Pelotas/RS procura enfrentar a realidade do planejamento urbano que avança com os recursos privados na busca de soluções práticas e imediatas.

A ausência histórica de recursos públicos para a promoção de políticas públicas de correção das desigualdades sociais convive com um processo de marginalização das populações economicamente vulneráveis, seja nos centros das cidades em casarões abandonados, seja nas periferias em condições precárias de moradia.

A conquista da constitucionalização do direito à cidade (art. 182, CF/1988) permite a percepção da sua função social que se efetiva pelo direito à moradia, ao trabalho, ao lazer e à circulação. Trata-se de reconhecer os limites do exercício da propriedade privada diante dos imperativos da vida em sociedade. O trabalho apresentado destaca os condomínios fechados que surgem como um planejamento urbanístico que seriam uma espécie híbrida entre os loteamentos convencionais (Lei 6.766/1979) e os condomínios convencionais (Lei 4.591/1964). Trata-se de uma estratégia de autossegregação que conta com a cumplicidade de poder público que investirá em melhorias no entorno dos referidos empreendimentos imobiliários.

O direito à cidade é sem sombra de dúvidas um desafio para as sociedades marcadas pela desigualdade social e econômica. O Estatuto da Cidade (Lei 10.257/2001) representa uma grande conquista para a efetividade da função social da propriedade urbana. O trabalho não somente reconhece, mas explicita a tensão existente entre os condomínios fechados e a função social da propriedade urbana. Aponta os arranjos normativos que viabilizam a existência e expansão da segregação socioespacial que resulta na diminuição dos espaços públicos de uso comum. Interessante observar que se trata de uma flexibilização da legislação urbanística com vistas a acomodar os interesses privados às exigências de limitação da função social da propriedade privada.

O grande e importante desafio continua sendo o fortalecimento dos espaços democráticos de decisão política de modo a assegurar a prevalência dos interesses coletivos diante do interesse privado. Diante das limitações da democracia brasileira que passa por um momento de retrocesso imposto por um governo ilegítimo que somente a história poderá desvelar, resta ao cidadão a busca de efetividade do direito à cidade, constitucionalmente protegido, através dos instrumentos de controle da constitucionalidade das leis. Ficam o convite e a provocação para seguirmos na pesquisa e na construção de uma jurisprudência comprometida com a justiça social.

Pelotas, janeiro de 2022.

Anderson Orestes Cavalcante Lobato

Professor e Diretor da Faculdade de Direito da Universidade Federal do Rio Grande – FURG. Pós-Doutorado – Institut des Hautes Études de l'Amérique Latina da Univerisdade de Paris III. Doutorado em Direito Público na Université de Sciences Sociales de Toulouse. Mestrado em Direito Público na Université de Sciences Sociales de Toulouse. Graduado em Direito na Pontifícia Universidade Católica de São Paulo – PUC-SP.

INTRODUÇÃO

Em 1988 pela primeira vez no ordenamento jurídico brasileiro uma Constituição Federal previu um capítulo específico sobre política urbana. Após, o Estatuto da Cidade regulamentou o texto da lei maior, garantindo o direito à cidade, entendido como o direito de usufruir e planejar a cidade nos interesses coletivos. A Lei 10.257/2001 procurou garantir os preceitos de natureza difusa, como cidades sustentáveis para as presentes e futuras gerações, além da gestão democrática por meio da participação popular, cooperação entre os governos, planejamento do desenvolvimento das cidades, oferta de equipamentos urbanos, em geral a justa distribuição dos ônus e benefícios decorrentes do processo de urbanização.

Entretanto, de fato o planejamento urbano atual nas grandes e médias cidades reproduz as desigualdades sociais inerentes ao sistema capitalista, particularmente através de padrões de segregação do espaço territorial. As novas regras locais de organização do espaço urbano se baseiam na separação de grupos sociais de forma sistemática, tudo isso legitimado pelo poder público e confirmado por uma sociedade que prioriza a segurança em detrimento dos demais direitos. Cada vez menos os grupos sociais se relacionam em espaços comuns, seja pelo medo da crescente onda de violência característica das sociedades que não prezam pela igualdade e justiça social, seja pela diminuição desses locais com a privatização de áreas que deveriam ser públicas.

Os grupos sociais mais privilegiados criam suas próprias cidades fechadas dentro do núcleo urbano da cidade ou até mesmo nas periferias afastadas, em um movimento de fragmentação do espaço urbano. A nova forma encontrada para manter a falsa impressão de igualdade e convivência social harmoniosa foi através da implantação dessa modalidade de condomínios residencial em lotes. Se antes os condomínios serviam para permitir a habitação vertical de menor custo com o melhor aproveitamento do solo, agora servem para construção de verdadeiras cidades sem regras que controlem seus limites territoriais. Os espaços públicos antes doados ao poder público nos loteamentos, como sistema viário, áreas verdes, áreas institucionais para implantação de escolas, postos médicos, são substituídos pela implantação de condomínios fechados de uso exclusivo, com altos muros que garantem a autossegregação. Assim, ocorre uma diminuição do espaço público na medida em que as cidades crescem com os condomínios urbanísticos.

Dessa maneira, esses condomínios horizontais de lotes mantêm todas as características de loteamentos públicos, principalmente suas grandes áreas que podem chegar ao tamanho de bairros ou até mesmo de cidades, com a única diferença que as áreas comuns não são públicas e sim exclusivas dos proprietários. Então, essa prática leva inevitavelmente à negação do conceito de cidade, tendo em vista que aos poucos o conceito de público é substituído pelo privado, de cidadão por condômino, de ordenamento jurídico por convenção de condomínio, de prefeito por síndico, de tributos por taxas de condomínio.

O problema que se investiga trata de entender como os impactos dos condomínios urbanísticos na cidade de Pelotas/RS inviabilizam o direito à cidade. Considera-se como direito à cidade não só o direito individual ao usufruto dos bens urbanos, mas, além disso, o direito de planejar cidades democráticas e sustentáveis de acordo com os interesses coletivos, garantido no Brasil pela Constituição Federal e regulamentado pelo Estatuto da Cidade. Opta-se pelo objeto empírico dos condomínios horizontais de lotes, aprovados com fulcro na Lei Municipal 5.660/2009, mais corretamente denominados de condomínios urbanísticos no restante do país, mas também de loteamentos fechados, condomínios gigantes, condomínios de terrenos, etc. Delimita-se a pesquisar as características de todos os quatro condomínios urbanísticos aprovados e implantados em Pelotas/RS entre a data de aprovação da lei em 2009 e o ano de 2016.

O recorte do tema pesquisado está limitado somente aos condomínios horizontais de lotes em Pelotas/RS, aprovados pela Lei Municipal 5.660/2009, que são caracterizados pela semelhança com loteamentos (regidos pela legislação de direito público), mas ainda assim dissimulados na forma de condomínios (regidos pela legislação de direito privado). No município em apreço esses empreendimentos possuem grandes áreas superficiais de 35ha, localizados próximos do Arroio Pelotas, Canal São Gonçalo e Lagoa dos Patos, zonas de grande valorização imobiliária. Esses condomínios interferem em assuntos de grande relevância urbana como na segregação socioespacial, sistema viário, oferta de equipamentos urbanos, apropriação do espaço público. Portanto, ignoram-se aqui os condomínios convencionais, uma vez que não representam uma violação ao direito à cidade devido à limitação de sua área superficial total e do baixo impacto urbano. Desconsideram-se também os loteamentos convencionais que estão obrigados a doar parte de sua área ao poder público, para a utilização coletiva da população.

Adota-se o método dedutivo como raciocínio do objeto para explicar hipóteses a partir de premissas críticas adotadas pelos referenciais teóricos. Os procedimentos realizados, com predominância qualitativa na sistematização de dados, incluem a pesquisa bibliográfica e a análise da legislação sobre o tema, em específico a Lei Federal 6.766/1979 (Parcelamento do Solo), a Lei Federal 4.591/1964 (Condomínios em Edificação), Lei Federal 10.257/2001 (Estatuto da Cidade), Lei Municipal 5.502/2008 (III Plano Diretor de Pelotas/RS), Lei Municipal 5.660/2009 (Condomínio Horizontal em Lotes de Pelotas/RS). Também, fez-se necessária uma análise documental das discussões no Conselho do Plano Diretor de Pelotas e do processo legislativo da Lei Municipal 5.660/2009, que aprovou o aumento do tamanho máximo dos condomínios urbanísticos de 1ha para 35ha, a fim de evidenciar o planejamento urbano de acordo com os interesses privados da incorporação do primeiro condomínio urbanístico de Pelotas/RS no ano de 2009, o Lagos de São Gonçalo com exatos 35ha.

Ainda, realizou-se pesquisa documental dos processos de aprovação de projeto dos condomínios urbanísticos entre os anos de 2009 e 2016 pela SGCMU e das licenças ambientais emitidas pela SQA da Prefeitura Municipal de Pelotas/RS. Para obter variáveis capazes de mensurar a segregação socioespacial foi importante o acesso aos dados de todos os mais de 140.000 imóveis urbanos cadastrados no município, para após uma classificação e divisão em grupos de acordo com seu valor venal. Também, procedeu-se com análise documental de matrículas de registro de imóveis dos empreendimentos pesquisados.

Ilustrou-se a hipótese com o levantamento cartográfico das regiões administrativas dos empreendimentos (mapas temáticos do III Plano Diretor de Pelotas), visualização de mosaico de ortofotos com o *software* ArcGIS, mapa urbano básico cadastral da cidade de Pelotas/RS com o *software* AutoCAD, informações gerais dos empreendimentos. Por último, uma breve pesquisa de campo foi realizada nos condomínios urbanísticos e seus arredores, a fim de descrever melhor o objeto e obter um acervo fotográfico.

O estudo foi redigido em três capítulos, sendo que o primeiro desenvolve um conteúdo teórico com argumentação crítica da produção do espaço urbano historicamente segregado, e que agora apresenta os condomínios urbanísticos como nova forma de padrão residencial isolado do resto da cidade, característico do período da globalização excludente. No segundo capítulo são analisados os instrumentos jurídicos que garantem paradoxalmente tanto o direito à cidade como a implantação controversa dos condomínios urbanísticos. Já no terceiro capítulo se investiga empiricamente a hipótese de autossegregação e apropriação do espaço pelos condomínios urbanísticos em Pelotas/RS, em razão da nova legislação local acerca dos condomínios horizontais de lotes.

CAPÍTULO 1

ATRIBUTOS DOS CONDOMÍNIOS FECHADOS E SUAS IMPLICAÇÕES À CIDADE

As revoltas de 1968 em Paris comandadas por grupos marginalizados reivindicaram um outro tipo de mundo, em oposição ao imperialismo capitalista e à especulação imobiliária que moldava a cidade. Diante desse contexto de crise social o direito à cidade foi proposto por Henri Lefebvre como sendo uma liberdade de acesso aos recursos urbanos e comando do processo de urbanização. David Harvey acrescenta que o direito à cidade é um direito coletivo, um processo de mudar a nós mesmo mudando a cidade. No Brasil esse direito começou a ser moldado pela Constituição Federal de 1988, com um capítulo específico sobre a política urbana. Somente com a Lei Federal 10.257/2001, o Estatuto da Cidade, foram regulamentadas as diretrizes gerais sobre a política urbana. Essa lei destaca que a política urbana tem por objetivo ordenar o pleno desenvolvimento das funções sociais da cidade mediante a garantia do direito a cidades sustentáveis.

Para o Estatuto da Cidade à garantia do direito a cidades sustentáveis inclui o direito à terra urbana, ao saneamento ambiental, à infraestrutura urbana, ao transporte e aos serviços públicos, ao trabalho e ao lazer, para as presentes e futuras gerações. Entretanto, ao mesmo tempo que se criam institutos jurídicos para garantir direitos vagos sem autoaplicação, também são criados tipos de urbanizações que violam esses direitos. Os condomínios foram uma dessas criações inicialmente utilizadas para melhor aproveitamento das áreas urbanas, mas que posteriormente começaram a ser empregados para justificar a criação de pequenas vilas, depois grandes bairros que mais parecem cidades privadas. Essas grandes urbanizações privadas violam os atributos do direito à cidade na medida em que autorizam e permitem a autossegregação de grupos sociais privilegiados sem o acesso dos demais cidadãos, uma vez que não há destinação de áreas ao poder público para criação de ruas públicas.

As cidades sempre tiveram o condão de ser o local de encontro da diversidade, muito embora a própria cidade historicamente tenha servido de espaço de segregação social. No passado os grupos sociais utilizavam o espaço urbano para interação social, mas ainda assim com isolamento residencial em zonas abertas destinadas para aos diversos grupos sociais. Ultimamente as segregações de grupos não são mais disfarçadas, mas sim marcadas pela utilização de muros de proteção e segurança armada que impedem que os de fora entrem, mas permitem que os de dentro saiam. Por sua vez, o poder público enfraquecido, ao invés de assegurar o direito à cidade, vem permitindo o fechamento de loteamentos e a criação de grandes condomínios em divergência com os interesses coletivos da cidade.

1.1 Cidadania urbana na formação da cidade capitalista

As primeiras cidades surgem da necessidade de administração da produção excedente, o que resulta necessariamente na divisão do trabalho, na formação de hierarquia claramente visualizada no espaço territorial, na desigualdade de riquezas entre os cidadãos. O homem historicamente deixa de ser coletor e caçador para fixar residência e comercializar sua produção. É na cidade que a vida pública é desenvolvida, ainda que os habitantes possam participar da política apenas como submissão às regras. Nas antigas cidades gregas e romanas, a cidade representava a dominação do poder político muito mais que o aspecto territorial. Após, as cidades foram entendidas como local da mercantilização da produção, baseada na divisão do trabalho. Na modernidade todos os espaços da cidade, entendida como território, são dominados pelo mercado, produção e consumo. Na era capitalista atual o mercado domina as cidades, pois estas são organizadas em razão do mercado, com seus espaços divididos entre os grupos sociais.

> Sua construção e manutenção implicam o reforço de uma organização baseada na exploração e privilégio, que permite à classe dominante maximizar a transformação do excedente alimentar em poder militar e este em dominação política. A origem da cidade se confunde portanto

com a origem do binômio diferenciação social/centralização do poder. (ROLNIK, 2004, p. 21)

A cidade de Lefebvre é descrita como "projeção da sociedade sobre um local", área onde ocorre a exploração do proletário pela classe social dominante. A cidade também é palco da luta de classes urbana, que submete a classe operária a viver em guetos periféricos longe da zona central. Nesse sentido, a classe operária seria o principal agente transformador do espaço urbano pelo fim da imposta segregação. Percebe-se uma tendência de segregação de grupos sociais, que nem sempre aparece como um problema evidente, tendo em vista que para parte da população parece ser a solução de um problema (separar os abastados dos consumidores falhos que podem ameaçar suas riquezas).

Nesse mesmo sentido Lefebvre analisa o gueto, de todos os tipos, dos negros, judeus, mas também de proletários e guetos de riqueza. Sua maior inquietação era a formação de guetos involuntários criados nos subúrbios de Paris para segregar os operários, mas também já começava a observar a vida burguesa em enclaves fortificados. "A seu modo, os bairros residenciais são guetos; as pessoas de alta posição, devida às rendas ou ao poder, vêm se isolar em guetos de riqueza" (LEFEBVRE, 2001, p. 98).

1.1.1 Construção teórica do conceito de direito à cidade

Etimologicamente da palavra cidade se origina o termo cidadania, do latim *civitas*, que significa o conjunto de direitos atribuídos ao cidadão. Refere-se ao residente da cidade, mas não todo citadino, somente o que está em gozo de direitos e deveres de participar da vida política. Portanto, mesmo que a cidade tenha sido constituída como o local de convívio dos diversos grupos, a cidadania não pode pertencer a todos, mas somente uma parcela da população. A cidadania urbana procura de certa forma minimizar os efeitos perversos do capitalismo, principalmente quanto ao uso dos equipamentos urbanos e ao planejamento da cidade nos interesses coletivos.

Para Thomas Marshall o conceito de cidadania pode ser dividido em três partes, separado mais pela história que pela lógica. Em primeiro teríamos o elemento civil (século XVIII), ligado aos direitos necessários à liberdade individual; em segundo o elemento político (século XIX), com a participação no exercício do poder político; em terceiro o elemento social (século XX), "o elemento social se refere a tudo o que vai desde o direito a um mínimo de bem-estar econômico e segurança ao direito de participar, por completo, na herança social e levar a vida de um ser civilizado de acordo com os padrões que prevalecem na sociedade" (MARSHALL, 1967, p. 63-64). Segundo este autor, o objetivo dos direitos sociais constitui ainda a redução das diferenças entre grupos sociais.

Portanto, a definição do autor é que "a cidadania é um *status* concedido àqueles que são membros integrais de uma comunidade" (MARSHALL, 1967, p. 76). Se há controvérsia acerca do conceito, é porque nem todos os indivíduos desfrutam desse *status*. Ademais, essa estratificação social pode ser definida como a posição que um indivíduo ocupa em relação aos outros. Esse sistema de grupos sociais funciona como um mecanismo de desigualdade social necessário e proposital.

A experiência de democracia liberal na América Latina nunca foi a mesma que ocorreu na Europa, aqui a transição democrática juntamente com a implantação do neoliberalismo foi perversa, na medida em que permitiu a ampliação da democracia e das reivindicações da sociedade civil, mas também uma diminuição substancial do Estado. A perversidade representa a discrepância entre o que o sistema é e o que demonstra ser. Várias responsabilidades foram retiradas do Estado e passaram para a iniciativa privada, com as entidades filantrópicas atuando nas ações sociais. A compreensão do direito político se restringiu ao direito de votar, sem a devida fiscalização característica. O conceito da cidadania no âmbito jurídico contemporâneo pode ser resumido ao acesso à justiça, ou a judicialização da política.

A construção democrática requer a ultrapassagem desses conceitos de cidadão eleitor. Vera Andrade defende a ruptura epistemológica na forma de se conceber a cidadania através de novas concepções: deslocamento do conceito de cidadania como conceito estático; deslocamento do entendimento da cidadania como direitos políticos; deslocamento da noção de cidadão como individual para demandas coletivas, plurais. O outro deslocamento seria a cidadania moldando a democracia "em vez de a cidadania moldar-se às exigências das instituições, estas é que devem moldar-se às exigências da cidadania" (ANDRADE, 2003, p. 78).

A cidadania que aqui se pretende está baseada nos direitos sociais inerentes ao homem urbano moderno, com valores de utilização dos bens públicos e planejamento de uma cidade nos interesses coletivos. Assim, como em Marshall, além da cidadania civil do século XVIII, cidadania política do século XIX e cidadania social do século XX, o século

XXI promete trazer a cidadania em áreas difusas como a ambiental e a urbana. No atual período histórico vários movimentos sociais lutam por melhores condições de vida na cidade, o que inclui o acesso e o planejamento das cidades. Muitas dessas lutas por cidadania urbana estão encampadas em movimentos que buscam o direito à cidade, um conceito muito mais sociológico que propriamente jurídico, que se confunde com o próprio conceito de cidade.

Ao menos como simples hipótese, pode-se questionar se estaríamos vivenciando um movimento de negação do direito à cidade, pois a especulação imobiliária privada é quem acaba por planejar o ordenamento urbano, com a privação de parte da população de benefícios urbanos. Lefebvre explica que os problemas nas cidades, em especial a segregação social da classe operária em guetos, ocorrem com o surgimento da industrialização juntamente com a urbanização.

Para resolver isso surgem direitos que abrem caminho em códigos formalizados. Entre esses diretos em formação temos o "*direito* à *cidade*: não à cidade arcaica mas à vida urbana, à centralidade renovada, aos locais de encontro e de trocas, aos ritmos de vida e empregos do tempo que permite o *uso* pleno e inteiro desses momentos e locais, etc." (LEFEBVRE, 2001, p. 139). O conceito de direito à cidade foi desenvolvido pela primeira vez como a garantia individual formal de usufruir em uso pleno das qualidades e benefícios da vida urbana.

Harvey amplia o conceito de direito à cidade, indo além do direito individual ao acesso dos recursos urbanos existentes, pois considera como sendo o direito de planejar a vida na cidade de acordo com as necessidades coletivas da população. Trata-se da liberdade de criar e recriar a cidade, e assim de mudar a nós mesmos mudando a cidade. O direito à cidade necessariamente teria que significar, além do direito ao usufruto das urbanizações disponíveis, o processo de comandar a urbanização dominada hegemonicamente pelas classes dominantes nos interesses privados da especulação imobiliária urbana e do agronegócio no campo.

> O direito à cidade está muito longe da liberdade individual de acesso a recursos urbanos: é o direito de mudar a nós mesmos pela mudança da cidade. Além disso, é um direito comum antes de individual já que esta transformação depende inevitavelmente do exercício de um poder coletivo de moldar o processo de urbanização. A liberdade de construir e reconstruir a cidade e a nós mesmos é, como procuro argumentar,

um dos mais preciosos e negligenciados direitos humanos. (HARVEY, 2012, p. 74)

Harvey também analisa o direito à cidade como forma de superação da segregação urbana inevitável em uma sociedade que cultiva a desigualdade social. Para ele o fenômeno da urbanização sempre foi um fenômeno de classes, pois as cidades surgiram justamente pela concentração do excedente de produção – o excedente é extraído de algum lugar e de alguém. Inevitavelmente o planejamento da cidade sempre esteve nas mãos dos interesses privados, e assim o direito à cidade passou progressivamente para o domínio dos bilionários das grandes incorporadoras, restrito à pequena elite político-econômica. Em exemplo, Harvey cita que Nova Iorque governada pelo prefeito bilionário Michael Bloomberg estava sendo remodelada conforme os interesses dos incorporadores, com Manhattan transformada em um vasto condomínio fechado para ricos.

> Vivemos progressivamente em áreas urbanas divididas e tendentes ao conflito. Três décadas atrás, a reviravolta neoliberal restaurou o poder de classe das elites ricas. Catorze bilionários surgiram no México desde então e, em 2006, aquele país ostentava o homem mais rico do mundo, Carlos Slim, ao mesmo tempo que a renda dos mais pobres havia estagnado ou diminuído. Os resultados são indelevelmente cáusticos sobre as formas espaciais de nossas cidades, que consistem progressivamente em fragmentos fortificados, comunidades fechadas e espaços públicos privatizados mantidos sob constante vigilância. No desenvolvimento mundial, a cidade está se dividindo em diferentes partes separadas, com aparente formação de muitos "microestados". Vizinhanças riquíssimas providas com todos os tipos de serviços, como escola exclusivas, campos de golfe, quadra de tênis e patrulhamento privado da área em torno; área de medidores entrelaçados com instalação ilegal onde a água é disponível apenas em fontes públicas, sem sistema de saneamento, a eletricidade é pirateada por poucos privilegiados, as estradas se tornam lamaçal sempre que chove e onde as casas compartilhadas é a norma. Cada fragmento parece viver e funcionar autonomamente, fixando firmemente ao que for possível na luta diária pela sobrevivência. (HARVEY, 2012, p. 81-82)

Lefebvre e Harvey se preocupam com o fim da segregação de classes do capitalismo, apesar de acreditarem que a história da urbanização se confunda como a luta de classes. Portanto, dificilmente teríamos a superação da segregação sem a superação do próprio sistema capitalista excludente. Embora haja diferenças em suas concepções, com o ideal de Lefebvre mais como um direito individual ao usufruto dos benefícios urbanos e Harvey como um direito coletivo ao planejamento urbano, ambas as teorias se complementam. Nelson Saule Júnior indica o direito à cidade como um direito difuso dos habitantes da cidade, em que pode ser apontado o estágio de desenvolvimento social de uma determinada sociedade urbana. "Quanto maior for o estágio de igualdade, de justiça social, de paz, de democracia, de harmonia com o meio ambiente, de solidariedade entre os habitantes das cidades, maior será o grau de proteção e implementação do Direito à Cidade" (SAULE JÚNIOR, 2008, p. 16).

Os teóricos em geral convergem para uma linha de entendimento do direito à cidade dentro de uma lógica de produção do espaço urbano subordinado ao valor de uso e não ao valor de troca. A teoria marxista considera o valor de uso qualitativamente como a utilidade de determinado produto, ao contrário do valor de troca que considera quantitativamente o bem como uma mercadoria. A cidade socialmente produzida não pode ser considerada como um produto, seu valor de uso deve sempre prevalecer sobre o valor de troca. Porém, a história não acontece de forma racional, Karl Marx estava certo ao afirmar que no capitalismo tudo vira mercadoria. Lefebvre e Harvey defendem a ruptura da ordem urbana capitalista, muito embora a positivação do direito à cidade esteja mais interessada pela reforma urbana dentro do sistema vigente.

Ademais, Edésio Fernandes demonstra a crescente utilização acadêmica do conceito de direito à cidade de Lefebvre, mas sem aplicação efetiva do instituto legal. Este conceito compreendido na perspectiva filosófica tem sido pouco discutido quanto à natureza jurídica e sua aplicabilidade. O conceito de direito à cidade de Lefebvre tem sido discutido na América Latina desde a década de 1970 mais do que no restante do mundo. Mas também na América Latina esse direito tem sido mais negado em razão do histórico de desigualdade entre as classes, exclusão social, segregação socioespacial e autoritarismo político.

> (...) o conceito de "direito à cidade" de Lefebvre foi mais uma plataforma político-filosófica e não explorou diretamente como, ou até que ponto, a ordem legal tem determinado o padrão de exclusão do desenvolvimento urbano. Aos argumentos sociopolíticos de Lefebvre, deve ser acrescentada uma outra linha de argumentos, isto é, argumentos jurídicos que permitam uma crítica à ordem legal não apenas de valores externos

sociopolíticos ou humanitários, mas também dentro da ordem legal. (FERNANDES, 2007, p. 208, tradução nossa)[1]

Esse padrão de segregação provocado no capitalismo tem sido gradativamente mais questionado pela sociedade civil em busca de uma reforma urbana. O capítulo da Constituição Federal de 1988, o Estatuto da Cidade e o Plano Diretor são instrumentos jurídicos suficientes para concretização do direito à cidade. Apesar de vários avanços nacionais na busca do direito à cidade, setores mais conservadores têm mostrado resistência no progresso para cidades mais democráticas. Historicamente o ordenamento legal brasileiro produziu e reproduziu as desigualdades sociais e espaciais no meio urbano. A base jurídica liberal do desenvolvimento urbano sempre esteve pautada nas normas de direito privado. Por exemplo, o Código Civil de 1916 regulamentou o direito à propriedade privada como um direito absoluto durante todo o século XX, o que dificultou a intervenção pública nesse período.

Na medida em que se criam instrumentos jurídicos principiológicos com a inclusão do direito à cidade, sem aplicação plena, criam-se também leis sobre assuntos específicos que descumprem o direito à cidade, atendendo as expectativas da iniciativa privada em detrimento dos interesses públicos da cidade. Mesmo com toda a vanguarda na positivação do direito à cidade, como será analisada a seguir, a concretização desse direito esbarra em uma herança patrimonialista enraizada na mente dos que ainda pensam que a propriedade privada é um bem sagrado, acima de qualquer limitação como a função social da propriedade. As reformas urbanas não passam somente pelo plano jurídico, pois devem primeiro passar por uma mudança cultural da sociedade, promovida pelas lutas dos movimentos sociais que elevam a discussão por um meio urbano mais democrático.

1.1.2 Gênese da cidade segregada

O conceito de cidade que se estuda tem como objetivo relacionar o mesmo com o exercício da cidadania, do direito à cidade.

---

[1] No original: "(...) Lefebvre's concept of the 'right to the city' itself was more of a political-philosophical platform and did not directly explore how, or the extent to which, the legal order has determined the exclusionary pattern of urban development. To Lefebvre's socio-political arguments, another line of arguments needs to be added, that is, legal arguments leading to a critique of the legal order not only from external socio-political or humanitarian values, but also from within the legal order".

Desse modo, faz-se necessário compreender o nascimento da cidade segundo a teoria mais crítica. Para Friedrich Engels a origem da propriedade privada e do Estado está associada à passagem da vida em grupos tribais poligâmicos para um modelo de relação familiar monogâmico. Segundo o autor, nesse período de promiscuidade não havia a necessidade de apropriação privada da terra, já que tudo pertencia a todos. Essa mudança em razão da indefinição de ascendência masculina causava problemas sucessórios que só poderiam ser resolvidos por uma nova concepção familiar que transformou a família única em várias independentes, e consequentemente com a criação de propriedades privadas sobre a terra. O Estado surge para assegurar esse novo instituto chamado propriedade privada, originada da necessidade do controle dos antagonismos através do instrumento de dominação de classes. A riqueza individual aumentou com muita rapidez, com isso as classes sociais e a dominação.

> A diferença entre ricos e pobres veio somar-se à diferença entre homens livres e escravos; a nova divisão do trabalho acarretou uma nova divisão da sociedade em classes. A diferença de riqueza entre os diversos chefes de família destruiu as antigas comunidades domésticas comunistas, em toda parte onde estas ainda subsistiam; acabou-se o trabalho comum da terra por conta daquelas comunidades. A terra cultivada foi distribuída entre as famílias particulares, a princípio por tempo limitado, depois para sempre; a transição à propriedade privada completa foi-se realizando aos poucos, paralelamente à passagem do matrimônio sindiásmico à monogamia. A família individual principiou a transformar-se na unidade econômica da sociedade. (ENGELS, 1984, p. 184)

Jean-Jacques Rousseau desenvolve suas teses de origem da desigualdade social entre os homens relacionando-a ao surgimento da propriedade privada, já que a desigualdade física é natural. Para o filósofo, aquele que primeiro cercou um terreno dizendo que era seu, e encontrou pessoas ingênuas para acreditar, foi o fundador da sociedade civil (ROUSSEAU, 1999, p. 203). Segundo o autor, quantas guerras, crimes, misérias teria evitado o gênero humano se alguém tivesse se rebelado contra o impostor, visto que a terra é coletiva e não de algum indivíduo. Muito embora faça parte dos clássicos autores iluministas liberais, Jean-Jacques Rousseau rejeita a noção de propriedade como direito natural do homem, garantidos nas declarações universais de direitos humanos. Em Rousseau todas as desigualdades sociais posteriores são consequências da propriedade privada, na medida em que o indivíduo se apropria do produto coletivo. Portanto, não se pode considerar a propriedade como um direito natural, como previsto no art. 17 da Declaração Universal dos Direitos Humanos de 1948.

Normalmente a propriedade privada institui e define os espaços urbanos da cidade, de acordo com os interesses dos proprietários do território. A cidade é construída, repartida, loteada, ocupada, comercializada, pelo modelo capitalista de propriedade privada. A história urbana das primeiras cidades inicia com o período de transição para Antiguidade, com o sedentarismo, domínio das técnicas de agricultura e pecuária. Após, durante a Idade Média, as cidades foram cercadas por muralhas contra o ataque externo, onde havia a convivência heterogênea dos mais diversos tipos. A proteção das cidades atraia pessoas de várias etnias, culturas, religiões, que procuravam habitar bairros com pessoas do mesmo grupo, em guetos de segregação. Já na modernidade, desde o início as cidades serviram como meio de excluir os indesejados para longe do convívio social. Portanto, a segregação socioespacial pode ser considerada inerente ao nascimento do capitalismo.

O Brasil está marcado pela segregação desde a invasão europeia, seja por motivos raciais, culturais ou econômicos. Contudo, certamente foi com a urbanização brasileira que a segregação passou a ser um problema sistemático, intensificado na industrialização da década de 1930. Há segregação de todos os tipos nas cidades brasileiras, seja de etnia, nacionalidade ou outros, mas a que interessa a este estudo é a segregação social no espaço territorial urbano. "Tal como aqui entendida, a segregação é um processo segundo o qual diferentes classes ou camadas sociais tendem a se concentrar cada vez mais em diferentes *regiões gerais* ou *conjuntos de bairros* da metrópole" (VILLAÇA, 2001, p. 142).

O sociólogo espanhol Manuel Castells esclarece que a segregação social reproduz a estrutura de divisão do trabalho na sociedade capitalista. A cidade tende a se homogeneizar em estruturas sociais similares, com zonas geograficamente distintas em um meio ambiente construído. Os grupos sociais privilegiados moldam o espaço urbano conforme seus próprios interesses de classe, com a reprodução social da hierarquia no meio físico habitado. Para esse autor a segregação socioespacial possui predisposição pela criação voluntária.

> Num primeiro sentido, entenderemos por segregação urbana, a *tendência* à organização do espaço em zonas de forte homogeneidade social interna

e com intensa disparidade social entre elas, sendo esta disparidade compreendida não só em termos de diferença, como também de hierarquia. (CASTELLS, 1983, p. 210)

A segregação não impede a entrada totalmente de um grupo no território de outro, mas o mercado trata de separar os grupos sociais pelo valor dos imóveis. Pessoas de grupos sociais com renda mais alta geralmente compram imóveis em locais mais privilegiados e por isso mais caros. Dificilmente podem ser observados proprietários de baixa renda nesses lugares. Isso faz com que o mercado selecione certos locais da cidade para determinados grupos. Jorge Vignoli ensina que pode ser identificado pelo menos dois tipos de segregação, o sociológico e o geográfico. Este sociólogo estuda o isolamento de grupos sociais e o geográfico a fim de saber como este isolamento está distribuído no espaço territorial. A autossegregação em condomínios urbanísticos relaciona os dois tipos de segregação no mesmo fenômeno.

Al menos dos tipos de segregación han sido identificados. Em términos **sociológicos**, segregación significa la ausencia de interacción entre grupos sociales. En un sentido **geográfico**, significa desigualdade en la distribución de los grupos sociales en el espacio físico. La presencia de un tipo de segregación no asegura la existencia del otro. (VIGNOLI; LUCO, 2001, p. 11, grifo no original)[2]

O que caracteriza a segregação de um grupo em um dado local é a maior concentração de indivíduos desse grupo do que a média do restante da cidade. Nem sempre os grupos sociais mais privilegiados ocupam os locais com valor da terra mais alto, pois podem ocupar lugares com valores baixos, como ocorreu na implantação dos condomínios urbanísticos de Pelotas. Tanto o Lagos de São Gonçalo, como o Veredas Altos do Laranjal e o Alphaville Pelotas foram edificados em grandes vazios urbanos sem elevados valores de mercado, anteriores a sua implantação. O contrário também pode ocorrer, terrenos em áreas nobres destinados para condomínios edilícios verticais com grande densidade populacional, dessa forma o valor do metro quadrado segue

---

[2] "Ao menos dois tipos de segregação foram identificados. Em termos **sociológicos**, segregação significa a ausência de interação entre grupos sociais. Em um sentido **geográfico**, significa desigualdade na distribuição dos grupos sociais no espaço físico. A presença de um tipo de segregação não garante a existência do outro." (Tradução nossa)

alto, mas é divido em pequenas quotas ideais entre a grande quantidade de moradores de baixa ou média renda.

A segregação pode ser involuntária, quando as pessoas de um grupo são obrigadas por algum motivo a residir ou deixar de residir em determinado local. Geralmente ocorre quando grandes grupos mais pobres são segregados involuntariamente nas periferias, favelas, áreas irregulares e/ou perigosas. Outra modalidade de segregação é a voluntária, em que os grupos sociais com renda mais elevada optam pela exclusão do restante da cidade, e procuram residir em pequenas "ilhas" de primeiro mundo, onde os pobres não podem entrar, a menos que seja para servi-los. Procura-se enfatizar esse tipo de segregação voluntária nesta pesquisa, concretizada na figura dos condomínios fechados de acesso vedado aos pobres, até porque dificilmente uma pessoa com escassos recursos econômicos conseguiria adquirir um a fração ideal de um terreno no valor médio de R$ 200.000,00 e ainda pagar altas taxas de condomínio e IPTU cujo valor mensal alcançaria cerca de R$ 1.000,00.

Teresa Caldeira, no trabalho mais citado sobre o tema "condomínios fechados e segregação socioespacial", analisa a segregação urbana em São Paulo, com a determinação de padrões que podem ser percebidos em praticamente todos os grandes e médios municípios brasileiros, inclusive na cidade de Pelotas. Para a autora a segregação social e espacial é uma importante característica das cidades. Ao longo dos séculos a segregação passou por três padrões: a primeira estendeu-se do final do século XIX até os anos 1940, onde diferentes grupos sociais se espremiam em uma área urbana pequena e estavam segregados pelos tipos de moradia; a segunda forma é a centro-periferia dos anos 1940 aos 1980, nela os grupos sociais estavam separados por grandes distâncias, ou seja, os grupos privilegiados no centro e os pobres na periferia precária; a terceira vem surgindo a partir dos anos 1980, onde os grupos vivem próximos, mas separados por muros, tecnologia, segurança e tendem a não circular nos mesmos espaços comuns (CALDEIRA, 2000, p. 211).

O primeiro padrão descrito por Caldeira relata a proximidade espacial entre as edificações, concentração e diversidade social em um mesmo ambiente. Os pobres também habitavam os centros urbanos, em casas coletivas de qualidade inferior denominada de cortiços, quase sempre em sistema de locação (nesse período houve a crise dos aluguéis). A separação se dava pelo preço da terra, em uma segregação espontânea. O segundo padrão centro-periferia marca a segregação programada através das normas urbanísticas, projetos do poder público de expansão do sistema viário e do transporte coletivo para os operários. O Estado foi fundamental para promover a segregação com a abertura da cidade para as periferias dispersas destinadas aos grupos sociais menos privilegiados. As edificações populares desse período quase sempre eram autoconstruídas na periferia precária. Nessa época a terra era ainda mais utilizada como especulação entre os loteadores, com esse novo produto imobiliário – as casas de periferia. Também nesse período os conjuntos habitacionais foram generalizados, como opção de moradia barata, pequena, padronizada e sem qualidade construtiva. O terceiro padrão de segregação descreve a segregação voluntária em enclaves fortificados. Os grupos sociais privilegiados com alta renda deixam os violentos centros urbanos para habitar os protegidos condomínios horizontais, com homogeneidade social garantida pelos altos valores comerciais de lotes.

Para Lefebvre a segregação ocorre de três formas: simultâneas ou sucessivas, como a segregação espontânea resultante do valor da terra; a segregação voluntária resultante do desejo de distância de classes sociais, identificado na autossegregação dentro de condomínios urbanísticos; e a segregação programada sob a ação do Estado, com o planejamento urbano (LEFEBVRE, 2001, p. 97). Nota-se que as formas de segregação de Lefebvre convergem com os mesmos padrões descritos por Caldeira. Com base no argumento do autor francês, pode-se dizer que, além da típica segregação voluntária, os condomínios urbanísticos também são simultaneamente marcados pela segregação espontânea, em razão do alto valor de mercado dos lotes, e pela segregação programada, devido à permissão e ao incentivo e até à promoção desse tipo de empreendimento fechado e fragmentado.

1.1.3 Formação do espaço urbano

Antes da colonização europeia não existia a noção jurídica de Estado ou propriedade privada no território brasileiro, a terra era de uso coletivo. Com a chegada dos colonizadores portugueses foi tomada a posse da terra por aquisição originária decorrente do "direito de conquista". Posteriormente essas terras foram doadas através das sesmarias, porém somente aos "homens bons", ou seja, o sujeito nobre ou militar a serviço da coroa portuguesa, do sexo masculino, branco, católico, produtor. Até 1850 a terra não possuía cautelas jurídicas, visto que a propriedade era concedida em razão da posse/ocupação. Após o marco da

Lei da Terra, que abole em definitivo o regime das sesmarias, o Estado passou a regular o acesso à terra, conferindo-a consequentemente um valor de mercado que praticamente não possuía. De acordo com essa lei a única forma de transmissão era compra e venda, excluindo a classe operária que nunca possuiu terra doada, nem recursos para adquirir.

Os proprietários passaram a ter não só o poder econômico, mas também político, o que explica a origem patrimonialista do nosso país. A herança disso hoje é o clientelismo, coronelismo, a cultura da política do favor. As características do patrimonialismo podem ser definidas como: leis detalhistas e ambíguas com aplicação de acordo com as circunstâncias políticas; apenas parte da cidade é fiscalizada, urbanizada, ou seja, direitos apenas para alguns; confusão no registro e privatização de terras devolutas; cadastros imobiliários incompletos; flexibilização na ocupação ilegal, mas inflexibilização para regularização; investimentos públicos regressivos para sustentar currais eleitorais; mercado da elite imobiliária limitada. Em suma, a propriedade privada passou a ser utilizada como moeda de troca de poder, instrumento de dominação.

A urbanização somente começou a ser significativa com o deslocamento da população rural para as cidades no início do século XX, com o processo de industrialização. Os trabalhadores do campo foram atraídos pelas oportunidades na cidade no período de desenvolvimento industrial da década de 1930, na era Vargas. Outros fatores contribuíram para esse êxodo rural como a concentração fundiária e a mecanização da produção rural. O processo de urbanização no Brasil foi de forma acelerada a partir desse período, com a concentração da riqueza nas mãos das elites. O planejamento urbano define padrões de ocupação do solo baseado nas práticas dos mercados, quase sempre destinado aos grupos sociais de renda média e alta. Entretanto, as cidades cresceram sem condições mínimas para os migrantes do campo. Os grupos sociais sem possibilidade de adquirir lotes legalizados passaram a formar grandes "cidades ilegais" em loteamentos clandestinos, em favelas sem planejamento.

Foi somente na década de 1970 que a população urbana passou a ser maior que a rural. No Sul o processo de urbanização foi mais lento em razão do predomínio da atividade familiar no campo, com poucas pessoas migrando para a zona urbana. Estima-se que atualmente 84,36% da população brasileira vive na zona urbana, segundo o Censo Demográfico 2010 do IBGE. A região Sudeste possui o maior percentual da população urbana, seguida da Centro-Oeste e depois da região Sul do Brasil.

Tabela 1 – Taxa de urbanização das regiões brasileiras em percentual

Região	1940	1950	1960	1970	1980	1991	2000	2007	2010
Brasil	31,24	36,16	44,67	55,92	67,59	75,59	81,23	83,48	84,36
Norte	27,75	31,49	37,38	45,13	51,65	59,05	69,83	76,43	73,53
Nordeste	23,42	26,4	33,89	41,81	50,46	60,65	69,04	71,76	73,13
Sudeste	39,42	47,55	57	72,68	82,81	88,02	90,52	92,03	92,95
Sul	27,73	29,5	37,1	44,27	62,41	74,12	80,94	82,9	84,93
Centro-Oeste	21,52	24,38	34,22	48,04	67,79	81,28	86,73	86,81	88,8

Fonte: IBGE, Censo Demográfico 1940-2010.

Esse rápido processo de urbanização aliado à falta de planejamento trouxe também uma série de problemas urbanos. Pode-se citar, por exemplo, a formação de favelas na parte da cidade em que foi ocupada irregularmente, a poluição desenfreada, as enchentes características de zonas sem permeabilidade, e talvez o mais impactante seja o aumento da violência na mesma proporção do crescimento das desigualdades sociais e falta de oportunidades da vida urbana. A evolução urbana no Brasil em razão do processo de urbanização atrasado dos anos 1980 cobrou um alto preço ambiental, miséria e violência. O desenvolvimento urbano, ao invés de eliminar as heranças do retrocesso, intensificou-as, com a reprodução do atraso da modernização desigual.

Percebe-se que nas cidades do Brasil prevalece o valor de troca (mercado) sobre o valor de uso dos imóveis (moradia). As cidades são transformadas em máquinas de crescimento que devem produzir ganhos e reproduzir a ideologia liberal das cidades-globais. Enquanto os imóveis não possuem valor de mercado, as ocupações são permitidas tacitamente pelo Estado, o que muda quando os mesmos adquirem valor de mercado em razão de sua localização. O padrão urbano na globalização é expulsar os pobres do centro. Governos são eleitos com a missão de eliminar as favelas próximas de áreas de interesse da especulação imobiliária e limpar toda a sua sujeira que o mundo prefere não ver. Essas remoções são justificadas como meio de combater o crime.

A segregação urbana não é um *status quo* inalterável, mas sim uma guerra social incessante na qual o Estado intervém regularmente em nome do "progresso", do "embelezamento" e até da "justiça social para os pobres", para redesenhar as fronteiras espaciais em prol de proprietários de terrenos, investidores estrangeiros, a elite com suas casas próprias e trabalhadores de classe média. (DAVIS, 2006, p. 105)

O intenso crescimento econômico e o processo de urbanização desigual resultaram numa gigantesca concentração espacial da pobreza, e ao mesmo tempo em enclaves de primeiro mundo. "A exclusão social tem sua expressão mais concreta na segregação espacial ou ambiental, configurando pontos de concentração de pobreza à semelhança de guetos, ou imensas regiões nas quais a pobreza é homogeneamente disseminada" (MARICATO, 1996, p. 55). O controle urbanístico exercido através do poder de polícia fica exercido discriminatoriamente em zonas urbanas reconhecidas pelo poder público, chamadas por Ermínia Maricato de "cidade oficial". Já a tolerância de ocupações ilegais, pobres e predatórias ao meio ambiente e demais áreas públicas está longe de política de respeito aos carentes de moradia e aos direitos humanos, visto a falta de infraestrutura das "cidades ilegais".

A maior tolerância e condescendência para a produção ilegal do espaço urbano vem dos governos municipais aos quais cabe a maior parte da competência constitucional de controlar a ocupação do solo. A lógica concentradora da gestão pública urbana não admite a incorporação ao orçamento público da imensa massa, moradora da cidade ilegal, demandatária de serviços públicos. Seu desconhecimento se impõe, com exceções de ações pontuais definidas em barganhas políticas ou períodos pré-eleitorais. Essa situação constitui, portanto, inesgotável fonte para o clientelismo político. (MARICATO, 1996, p. 63)

No Brasil o urbanismo sempre foi segregador, por exemplo, a mão de obra durante o período de desenvolvimento industrial foi baseado em política de baixos salários incapaz de custear a própria habitação ou locação formal. Assim, restringiu-se o melhor espaço urbano da cidade aos grupos sociais privilegiados da sociedade, restando a favela aos trabalhadores. Os governos fizeram e seguem fazendo investimentos públicos na infraestrutura somente na "cidade legal" onde habitam os grupos elitizados. A segregação entre grupos sociais menos favorecidos e mais favorecidos é somente uma consequência dessa política de valorização socioespacial do território, permitido e promovido pelo poder público.

Mudanças no ambiente urbano foram notadas a partir da reestruturação capitalista da década de 1970, surgindo a urbanização dispersa, isto é, "o processo que associa a expansão periférica de atividades urbanas formando núcleos isolados à periferia tradicional, pobre e desigual" (FREITAS, 2008, p. 19). A urbanização dispersa tem se caracterizado pela expulsão da população trabalhadora das zonas centrais. Empreendimentos se instalam de forma isolada formando "ilhas de dispersão", com grandes vazios urbanos entre os núcleos. A novidade que ocorre na globalização é que a periferia também está sendo ocupada pelos grupos sociais com rendas médias e altas em bairros fechados. Os princípios para ocupação do solo são agora, mais do que nunca, regidos pelas regras do mercado.

Betânia Alfonsin analisa a cidade desde sua perversa formação social e jurídica, o que condena boa parte da população a uma subcidadania quando divide a cidade entre zonas "fora da lei" e zonas "dentro da lei", tendo em vista que a relação não titulada com a terra não estava de acordo com os preceitos urbanísticos do antigo Código Civil de 1916. Com base nessa irregularidade os investimentos públicos somente foram feitos nas zonas legais, restando às zonas ilegais o abandono. Acrescenta ainda que as consequências da urbanização ilegal são perversas, como a degradação ambiental, formação de favelas em áreas irregulares públicas ou privadas. Aponta-se também a irregularidade produzida pelos grupos sociais mais privilegiados, com a apropriação de áreas públicas pelos condomínios fechados, mostrando que a precariedade da urbanização não é exclusiva de uma classe.

> Essa irregularidade assume múltiplas faces e diversas tipologias estão marcadas pela condição "irregular" no Brasil. São **favelas resultantes da ocupação de áreas privadas** que se encontravam vazias à espera de valorização; **favelas em áreas públicas** resultantes da ocupação de áreas doadas ao Poder Público por loteamentos; **cortiços** improvisados em casarões deteriorados e sem as mínimas condições de habitabilidade; **loteamentos clandestinos e irregulares; conjuntos habitacionais ocupados e sob ameaça de despejo; casas sem "habite-se"**, etc. Além disso, há a irregularidade produzida pelas classe média e alta, que tem hoje na figura do **condomínio fechado** (burlando a lei de parcelamento do solo) e da **privatização da orla marítima e fluvial** algumas de suas expressões mais importantes. (ALFONSIN, 2001, p. 312, grifo no original)

A concentração de terras nas mãos de poucos ocorre desde o início da ocupação europeia por espoliação ou doação como ato de legitimação jurídica. Em 1732 as sesmarias começaram a ser requeridas por tropeiros na região Sul. "Os soldados que desembarcaram no Rio Grande não receberam sesmarias. Grande parte dos sesmeiros eram oficiais superiores e pessoas que serviam à Coroa" (GUTIERREZ, 2001, p. 36). Nas lutas contra os guaranis 1754/1756 e contra os espanhóis 1763/1776 surgiram os líderes militares que seriam os donatários das sesmarias onde hoje se localiza Pelotas.

Em 18 de junho de 1758 o rincão de Pelotas, área que inclui a atual região administrativa do Laranjal, foi doado ao coronel de dragões Thomaz Luiz Osório – possivelmente um presente dado pela participação na luta que culminou na morte do líder indígena Guarani Sepé Tiarajú (GUTIERREZ, 2001, p. 44-45). A sesmaria do Monte Bonito, local hoje compreendido como a cidade de Pelotas com exceção da região administrativa do Laranjal, foi doada em 1799 a Manoel Carvalho de Souza. A partir daí houve várias subdivisões, transações, loteamentos, mas sempre conservando as propriedades nas mãos das famílias tradicionais da cidade de Pelotas. As diversas sucessões de propriedades e diversos matrimônios apenas fortaleceram os grupos sociais mais nobres dos charqueadores que acumulavam riquezas para manter suas propriedades.

A zona urbana de Pelotas teve seu crescimento pautado entre 1815 e 1870, a partir de quatro diferentes projetos de urbanização, conhecidos como "Loteamentos", todos eles obedientes a um traçado de linhas ortogonais. O primeiro levantamento foi traçado em 1815, e estava delimitado pelas ruas: das Fontes (Alm. Barroso), do Passeio (Gen. Argolo), da Boa Vista (Marcílio Dias) e da Palma (Gen. Neto). No segundo, de 1834, as ruas longitudinais se expandiram em direção ao São Gonçalo, sítio portuário da povoação. Em 1858 ocorreu a terceira etapa, quando a cidade cresceu para o norte, no entorno da Igreja da Luz. Por fim, a quarta etapa aconteceu por volta da década de setenta, mesma época em que a cidade encontrava-se em pleno apogeu do seu desenvolvimento econômico, social e cultural. Nesta etapa ocupou-se a várzea do Arroio Pepino. A partir das primeiras décadas do século passado, a implantação de novos loteamentos extrapola os limites dos arroios Santa Bárbara e Pepino e a cidade desenvolve-se para o oeste conformando o Bairro Fragata, para o leste o Bairro Areal, e para o norte, configurando a zona Três Vendas. (GUTIERREZ, 2014, p. 516)

A zona urbana de Pelotas seguiu um padrão de segregação como no restante do país, com a concentração dos diferentes grupos sociais na mesma localização central até meados da década de 1930, embora os mais ricos ocupassem as melhores áreas e mais centrais. As habitações faziam a segregação entre os grupos, com os trabalhadores residindo em cortiços coletivos enquanto os mais ricos em casarões tradicionais. Os primeiros loteamentos regulares datam das décadas de 1920-1930, chamavam-se "vilas" e localizam-se relativamente próximos, mas não contíguos à zona central, cujos exemplos são: a Vila Caruccio – 1927; Vila Bom Jesus – 1930; Vila Hilda – 1924, onde hoje se localizam os bairros Três Vendas, Areal e Fragata, respectivamente. Pode-se observar de forma ilustrativa a evolução urbana da zona urbana de Pelotas através do parcelamento do solo, de acordo com as figuras abaixo.

Figura 1 – Evolução da área urbana de Pelotas entre 1815 e 1930

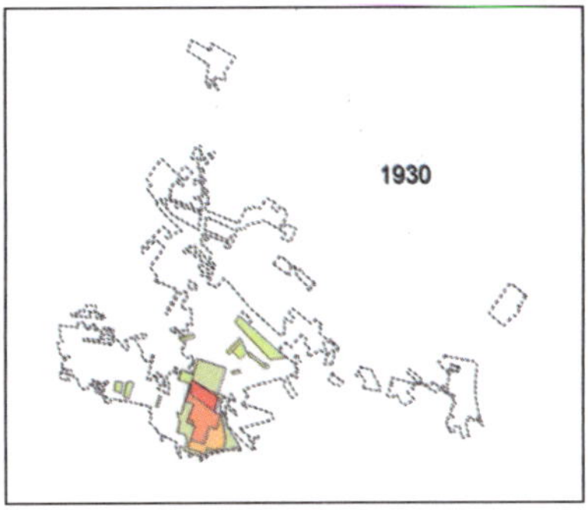

Figura 2 – Evolução da área urbana de Pelotas até 1957

Fonte: SILVA; POLIDORI (2008, p. 91-92).   Fonte: SILVA; POLIDORI (2008, p. 91-92).

A valorização imobiliária da área central da cidade impossibilitou os trabalhadores de habitar próximos de seus trabalhos, surgindo os loteamentos mais distantes na década de 1950 (Balneário dos Prazeres – 1953; Vila Princesa – 1953; Balneário Valverde – 1958; Loteamento Sanga Funda – 1956). Esse padrão de segregação centro-periferia foi possível graças às intervenções públicas para facilitar o transporte e por consequência a venda de imóveis em zonas afastadas. Essa modalidade de urbanização é dispersa e fragmentada, gerando zonas de desinteresse do poder público, bem como vazios urbanos entre zonas, que permitem a especulação imobiliária e subutilização.

Nesse período foram edificados os primeiros conjuntos habitacionais para trabalhadores de baixa renda, como, por exemplo, a Cohabpel – 1966; Cohab Pestano – 1979; Cohab Lindoia – 1979; Cohab Guabiroba – 1979. No início dos anos 1980 os condomínios verticais passaram a ser o novo grande produto imobiliário não só para os grupos sociais com renda mais baixa em locais afastados, mas também para os grupos com renda alta na região central. O crescimento da população urbana, da desigualdade social e do crime impulsionou esse novo modelo de ocupação do espaço.

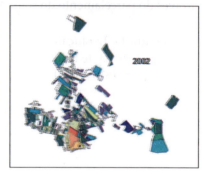

Figura 3 – Evolução da área urbana de Pelotas até 1983

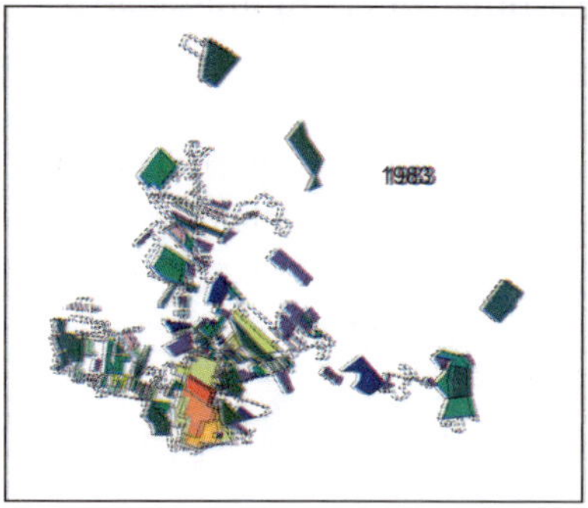

Figura 4 – Evolução da área urbana de Pelotas até 2002

Fonte: SILVA; POLIDORI (2008, p. 91-92).   Fonte: SILVA; POLIDORI (2008, p. 91-92).

Com o início da globalização em escala mundial na década de 1980, aliado às crises econômicas, aumento da criminalidade, iniciou-se um novo padrão de segregação baseado na construção de muros que garantem a proteção. Pela primeira vez os grupos sociais mais privilegiados começaram a deixar as regiões centrais para viver em loteamentos destinados aos grupos sociais com renda alta, com as vias de circulação abertas, porém em locais de difícil acesso aos demais grupos. São exemplos dessa época os loteamentos: Las Acácias – 1981; Vila Assumpção I e II – 1986 e 1991, e Marina Ilha Verde – 1979. Mais próximos ao centro, mas sem perder o caráter de exclusividade, os loteamentos Chácara da Baronesa – 1979 e Colina do Sol – 1979 foram constituídos como bairros para população de alta renda de Pelotas, implantados pela Imobiliária Real, da mesma família proprietária da empresa Josapar e sócia do Shopping Pelotas.

No período atual os grupos sociais podem viver até mesmo muito próximos, entretanto separados por muros de proteção com muita segurança, formando zonas seguras em meio ao caos. Antes de os grandes condomínios horizontais de lotes se tornarem o grande produto do mercado já havia pequenos condomínios horizontais de casas em diversos pontos da cidade para os grupos sociais com alta renda. São exemplos desses condomínios luxuosos no estilo vilas: Aldo Locatelli – 1998; Vivendas da Baronesa – 1995; Costa Doce – 1995, nas regiões administrativas das Três Vendas, Areal e Laranjal, respectivamente.

Muito embora os pequenos condomínios e conjuntos habitacionais existam há várias décadas, foi nos últimos anos que houve a permissão do poder público na implantação dos grandes condomínios urbanísticos fechados. Em Pelotas, somente no final da década de 2010, começaram a ser construídos os grandes empreendimentos fechados. Essas regiões distantes foram escolhidas para implantação desses empreendimentos fechados justamente por apresentarem as características essenciais, como vazios urbanos subutilizados, áreas potencialmente valorizáveis, com acesso e infraestrutura garantida pelo poder público e proximidade de lugares atrativos para os grupos sociais privilegiados, geralmente recursos naturais. A forma de aquisição das glebas geralmente segue o padrão de permuta da gleba por lotes urbanizados, em sistema de parceria, ou ainda através da compra da gleba pelo empreendimento.

Os condomínios urbanísticos implantados em Pelotas no período pesquisado, nas regiões administrativas do São Gonçalo e do Laranjal, localizam-se relativamente próximo de áreas destinadas às populações mais pobres. O Lagos de São Gonçalo fica a cerca de 100m de ocupações irregulares, 600m de distância em linha reta do Navegantes II, e 1.200m da Rua Direitos Humanos – notória pelo grande número de homicídios em razão do tráfico de drogas no local. O Veredas Altos do Laranjal e o Alphaville Pelotas estão situados mais distantes de loteamentos com menor valor de mercado, cerca de 3.500m do Balneário dos Prazeres e 2.500m do Pontal da Barra. Ainda assim estão em local de trânsito obrigatório entre esses locais e o centro da cidade, com circulação constante de pessoas.

1.2 Influências da globalização na urbanização

Antes da globalização o *habitat* dos grupos sociais antagônicos estava separado pela distância física, fato não mais existente. Agora esses grupos estão separados apenas por muros que distinguem mundos completamente diferentes. A globalização modificou a estrutura das cidades, das zonas urbanas e da vida moderna. Embora na globalização muito se tenha evoluído no sentido da modernização da vida social, deve-se levar sempre em conta quem são os beneficiários dessas mudanças, tendo em vista que a grande maioria da população apenas vivencia os efeitos colaterais.

O conceito de globalização pode ser definido provisoriamente como a intensificação das relações sociais em escala mundial (GIDDENS, 1991, p. 69), embora carente de uma concepção complexa crítica. No entanto, trabalha-se nesse estudo com as consequências da globalização, principalmente em países periféricos. O projeto da globalização pretende difundir pelo mundo os ideais neoliberais, ou seja, expansão das consequências do capitalismo aos lugares em que ainda não ocorreu nem mesmo a modernidade. Alguns autores denominam esse fenômeno como pós-modernidade, modernidade líquida, crise da modernidade, modernidade reflexiva, modernidade tardia.

Milton Santos se refere à globalização em três aspectos. O primeiro, a globalização como fábula, assemelha-se ao conceito acrítico do senso comum, com a representação do mundo como querem que as pessoas enxerguem. Nesse conceito a globalização funciona como uma aldeia global onde as fronteiras não mais existem aos que podem viajar. O segundo aspecto, a globalização como perversidade, trata da realidade global de acentuação da pobreza, fome, desigualdade e todas as consequências do sistema. O terceiro aspecto, uma outra globalização, procura pensar a construção de outro mundo mais humano com um novo discurso inclusivo (SANTOS, 2001, p. 18-21).

O que está em jogo é a globalização dos reflexos negativos da modernidade, em uma sociedade em que há apenas três papéis a desempenhar: "perpetradores, vítimas e 'baixas colaterais'" (BAUMAN, 2008, p. 128). Apesar de nunca antes na história haver tanta produção, apenas alguns se beneficiam dessa liberdade, enquanto outros não conseguem competir em igualdade de oportunidades no contexto que valoriza a meritocracia.

Na medida em que na globalização se aumenta a diversidade de cor, sexo, idade, religião, etnia, raça, condição social, ideologia política, aumenta-se também a intolerância frente ao "diferente, outro, estranho, indesejável, inferior, exótico, inimigo. É aí que explode a violência urbana" (IANNI, 1997, p. 80). Na verdade, o que a globalização impõe é a ideia de igualdade, homogeneização, ou seja, o sonho da pureza. A pureza como visão das coisas colocadas em seus devidos lugares, uma visão de ordem que não permite o diferente fora de seu lugar. Na atualidade aqueles que não participam do esquema consumista são vistos como "sujeira", pessoas incapazes de se tornar "indivíduos livres". Os consumidores falhos estão impedidos de entrar nos novos templos consumistas, cercados de câmeras de vigilância, alarmes, enquanto os afortunados desfrutam sua "liberdade". Nesse sentido, governos são eleitos para manter esses perigosos atrás das grades.

> Para isso, o rejeitado/excluído recorre aos únicos meios à sua disposição, todos contendo alguma dose de violência; é o único recurso que pode aumentar seu "poder de prejudicar", único poder que podem opor ao poder esmagador dos que os rejeitam e excluem. A estratégia de "rejeitar os que rejeitam" logo afunda no estereótipo do rejeitado, acrescentando à imagem do crime a inerente propensão do criminoso à reincidência. No final, as prisões surgem como o principal instrumento de uma profecia que cumpre a si mesma. (BAUMAN, 1999, p. 135)

Todas as sociedades produzem seus excluídos, e as pessoas excluem por medo de ser as próximas vítimas. Os estranhos exalam incerteza onde há certeza, por isso nessa guerra existem poucas alternativas: aniquilar os estranhos, devorando-os (tornar a diferença semelhante); ou então banir os estranhos (estratégia de exclusão), com sua expulsão para os guetos; ou destruir os estranhos. A globalização opta por todas as alternativas: devora, exclui e destrói, pois o estranho é visto como anomalia do sistema.

> Todos esses fatores considerados em conjunto convergem para um efeito comum: a identificação do crime com os "desclassificados" (sempre locais) ou, o que vem dar praticamente no mesmo, a criminalização da pobreza. Os tipos mais comuns de criminosos na visão do público vêm quase sem exceção da "base" da sociedade. Os guetos urbanos e as zonas proibidas são considerados áreas produtoras de crime e criminosos. (BAUMAN, 1999, p. 134)

Essa comunidade ordeira que a sociedade almeja significa a ausência do "outro", um "outro" que teima em ser diferente, e por isso é desagradável e pode trazer prejuízos. Como propunha Zigmunt Bauman, "dada a intensidade do medo, se não existissem estranhos eles teriam que ser inventados. E eles são inventados, ou construídos, diariamente" (BAUMAN, 2003, p. 105). Essa postura social, política e jurídica não mais será afastada, mas sim até mesmo desejada, dada à criação da insegurança e do medo. O combate defensivo/agressivo que produz seu próprio alvo, sua legitimação e razão de existir. Graças a ela, o estranho é metamorfoseado em alienígena, e o alienígena numa ameaça.

1.2.1 Guetos voluntários de autossegregação

Já que o enfraquecido Estado neoliberal não consegue mais manter os indesejados dentro das prisões, a solução utilizada pelos grupos sociais privilegiados foi o autoisolamento em guetos voluntários, resultado da vontade de se proteger dos estranhos e conviver somente entre seus semelhantes. Nesse contexto, a ineficiência das instituições públicas em promover a segurança pública não deixa alternativas aos grupos sociais com renda mais alta, a não ser o isolamento. "Os loteamentos fechados aparecem como uma solução de moradia para os ganhadores, restando aos perdedores a exclusão (o outro lado do muro)" (UEDA, 2006, p. 235).

Nos guetos voluntários o principal propósito é impedir a entrada de intrusos, os de dentro podem sair à vontade, diferente dos guetos verdadeiros em que não se pode sair. Enquanto os guetos reais implicam a negação da liberdade, os guetos voluntários pretendem servir à causa da liberdade. A guetificação é a parte orgânica do argumento que trata os pobres como lixo, na medida em que são consumidores falhos, inúteis até mesmo como exército de reserva de produção.

> Resumindo: gueto quer dizer *impossibilidade de comunidade*. Essa característica do gueto torna a política de exclusão incorporada na segregação espacial e na imobilização uma escolha duplamente segura e a prova de riscos numa sociedade que não pode mais manter todos os seus membros participando do jogo, mas deseja manter todos os que podem jogar ocupados e felizes, e acima de tudo obedientes. (BAUMAN, 2003, p. 111)

A guetificação é paralela e complementar à criminalização da pobreza. Ademais, segundo o autor da obra, há troca constante entre

CAPÍTULO 1
ATRIBUTOS DOS CONDOMÍNIOS FECHADOS E SUAS IMPLICAÇÕES À CIDADE | 47

as penitenciárias e os guetos. Tanto guetos como prisões servem para prender os indesejáveis em confinamento. "Pode-se dizer que as prisões são guetos com muros, e os guetos são prisões com muros" (BAUMAN, 2003, p. 109). Em geral, a vida no gueto não sedimenta a comunidade, mas somente alimenta o ódio. Na mesma linha de pensamento, Loïc Wacquant diferencia a segregação dos guetos, visto que a segregação residencial é condição para guetificação, mas para que exista o gueto é necessário o confinamento involuntário. Para o autor os enclaves fortificados de luxo proporcionam segurança, exclusão e homogeneidade para que as famílias burguesas possam fugir do caos das grandes cidades, logo, são guetos voluntários.

> Assim, todos os guetos são segregados mas nem todas as áreas segregadas são guetos. Os bairros seletos do Oeste de Paris, os subúrbios exclusivos da classe alta de Boston ou de Berlim, as "comunidades cercadas" que cresceram muito em cidades globais como São Paulo, Toronto e Miami, são todos iguais em termos de riqueza, renda, ocupação e em muitos casos etnia, mas nem por isso são guetos. A segregação neles é inteiramente voluntária e eletiva e por isso não são inclusivos ou perpétuos. (WACQUANT, 2004, p. 160)

Além do mais, o aumento dos riscos da globalização faz emergir o que Boaventura de Sousa Santos chama de fascismo social. Não se trata do regresso ao fascismo político dos anos 1930 do século passado, mas sim de um fascismo que convive muito bem com a democracia. De fato, não se trata de um fascismo produzido pelo Estado e sim pela sociedade. O Estado se comporta apenas como uma mera testemunha ou culpado ativo. De acordo com Boaventura, vive-se em um período em que os Estados democráticos convivem harmoniosamente com as sociedades fascistas, em outras palavras, atualmente se produz uma forma inaudita de fascismo (SANTOS, 2003, p. 21).

Segundo o autor, o fascismo social possui várias facetas, uma delas interessa a essa pesquisa, o conceito de "fascismo do apartheid social", que trata da autossegregação daqueles que podem adquirir um lote dentro das zonas civilizadas dos condomínios fechados altamente seguros, com muros elevados voltados para dentro e não para a cidade. O autor faz uma analogia entre as zonas civilizadas do contrato social para os grupos incluídos, que convivem harmoniosamente dentro dos muros de proteção, com as ameaçadoras zonas selvagens do estado de natureza onde habitam os grupos sociais desfavorecidos. O mesmo

Estado que atua de forma democrática e protetora nas zonas civilizadas atua também de forma fascizante e predadora nas zonas selvagens.

A primeira forma é o fascismo do apartheid social. Trata-se da segregação social dos excluídos através de uma cartografia urbana dividida em zonas selvagens e zonas civilizadas. As zonas selvagens são as zonas do estado de natureza hobbesiano. As zonas civilizadas são as zonas do contrato social e vivem sob a constante ameaça das zonas selvagens. Para se defenderem, transformam-se em castelos neofeudais, os enclaves fortificados que caracterizam as novas formas de segregação urbana (cidades privadas, condomínios fechados, gated communities). (SANTOS, 2010, p. 334)

O que se pretende é a homogeneidade, conviver somente entre os iguais, e com relação aos outros resta quando possível somente a tolerância. Segundo Zygmunt Bauman, essa autossegregação nos *gated communities* nos EUA, ou condomínios urbanísticos no Brasil, é apenas um reflexo dos guetos involuntários em que os excluídos foram atirados, enquanto os "nossos guetos voluntários – sim, voluntários – são resultado da vontade de defender a própria segurança procurando somente a companhia dos semelhantes e afastando os estrangeiros" (BAUMAN, 2009, p. 84-85).

Para os grupos sociais privilegiados não há outra saída a não ser promover sua própria segregação, definida como: "grado de proximidad espacial o de aglomeración territorial de las familias pertenecientes a un mismo grupo social, sea que éste se defina en términos étnicos, etarios, de preferencias religiosas o socioeconómicos" (SABATINI; CÁCERES; CERDA, 2001, p. 27).[3] Para os autores citados, a segregação possui três dimensões principais: a tendência de grupos sociais em se concentrar em algumas áreas da cidade, a criação de bairros homogêneos e a aceitação subjetiva da segregação pelos grupos marginalizados/estigmatizados.

Raquel Rolnik diz que as cidades segregadas formam uma espécie de quebra-cabeças, onde cada um conhece seu lugar como se fosse demarcado por cercas imaginárias, "é a este movimento de separação das classes sociais e funções no espaço urbano que os estudiosos da cidade chamam de segregação espacial" (ROLNIK, 2004,

---

[3] " (...) grau de proximidade espacial ou de aglomeração territorial das famílias pertencentes a um mesmo grupo social, seja ele definido em termos étnicos, etários, de preferências religiosas ou socioeconômicos." (Tradução nossa)

p. 41). A segregação analisada aqui é representada na implantação dos condomínios urbanísticos de luxo, onde os grupos sociais privilegiados desenvolvem sua vida residencial privada sem a intervenção dos demais grupos. "A segregação é manifesta também no caso dos condomínios fechados – muros de verdade, além de controles eletrônicos, zelam pela segurança dos moradores, o que significa o controle minucioso das trocas daquele lugar com o exterior" (ROLNIK, 2004, p. 42).

1.2.2 Arquitetura do medo como padrão urbano

As transformações sociais do fim do século XX realmente impactaram a vida urbana nas grandes e médias cidades mundiais, muito em razão do medo. Embora uma parte de todo esse medo seja imaginário, não se pode negar o aumento assustador da criminalidade. A psicologia moderna atribui que o sofrimento humano pelo medo deriva da fragilidade dos nossos corpos, pelo poder superior da natureza e pela inadequação das normais sociais. Sabe-se que não se pode dominar a natureza, nem ser imortal, mas não se compreende por que os regulamentos criados pelo homem não são cumpridos de acordo com nossas expectativas (BAUMAN, 2009, p. 14-15). Essa condição humana de incerteza sobre o futuro leva à insegurança e ao medo de terminar a vida como número de uma estatística criminal.

Efetivamente houve um grande aumento generalizado da violência impulsionado pela crescente concentração de renda, desde o início da urbanização brasileira. A crise da década de 1980 no Brasil marca o início de uma nova era de empobrecimento da população e desemprego, o que culmina necessariamente no aumento do crime. As cidades começaram a ser projetadas como proteção ao crime, e também contra aqueles indesejados em geral. Alterou-se o padrão das edificações privadas, agora muito mais hostis, com muros, grades, alarmes, câmeras de segurança. A vida urbana mudou, as pessoas evitam caminhar em áreas públicas, consumir fora de shoppings, as crianças já não brincam livremente na rua. Pode-se afirmar que a vida pública e coletiva se tornou privada e individual.

O medo tomou conta do cotidiano dos indivíduos, que moldam suas vidas conforme sua busca por segurança. O Brasil aparece nos mapeamentos da violência como um dos países mais violentos, somente em 2014 houve 59.627 homicídios. Segundo dados do Ministério da Saúde são cerca de 29,1 mortes para cada 100.000 habitantes. Em números absolutos o Brasil é o país com o maior número de homicídios, superando países em guerra civil. A ONU considera aceitável o índice máximo de 10 homicídios por 100.000 habitantes. Os homicídios do ano de 2016 no Brasil representam 10% de todos os homicídios registrados no mundo no mesmo ano. Entre os jovens do sexo masculino, com idade entre 15 e 19 anos, mais da metade das mortes são resultado de homicídio. No mapeamento dos homicídios do Brasil as regiões com os maiores índices de homicídio são as do Nordeste, seguidas da Norte.

Na cidade de Pelotas não poderia ser diferente; a evolução dos indicadores criminais aponta um crescimento vertiginoso no número de homicídios. As estatísticas da Secretaria da Segurança Pública do Rio Grande do Sul expõem que, se comparado o período de 10 anos entre 2006 e 2015, o número de homicídios cresceu 618%. Esse aumento pode estar ligado ao crescimento do crime de tráfico de drogas, que aumentou ainda mais, de 15 casos em 2006 para 260 em 2015, o que representa 1.733%. Em compensação houve a diminuição de crimes praticados sem violência, como o furto e o estelionato, o que não é motivo para comemoração, visto que aumentaram os crimes praticados com violência. Constatou-se o aumento do crime de roubo, podendo significar a migração de parte dos crimes de furto para este. A seguir pode ser visualizada a Tabela 2, com a evolução quantitativa de crimes em Pelotas, por tipo de crime e ano. Os tipos de crimes selecionados para uma compreensão do problema foram: homicídio doloso, furto, roubo, latrocínio, estelionato e tráfico de drogas.

Tabela 2 – Evolução dos indicadores
criminais da cidade de Pelotas/RS

Tipo de crime	2006	2007	2008	2009	2010	2011	2012	2013	2014	2015
Homicídio doloso	16	27	28	38	33	52	54	53	64	99
Furto	7.063	7.655	6.887	5.559	4.986	4.699	4.468	5.316	4.835	3.724
Roubo	2.501	2.510	2.210	2.146	2.061	2.242	2.444	2.818	2.830	3.591
Latrocínio	2	7	3	6	2	5	2	5	6	4
Estelionato	508	573	557	389	426	475	480	518	485	361
Tráfico de drogas	15	29	50	82	150	148	180	159	222	260

Fonte: Tabela elaborada pelo autor, com dados da Secretaria da Segurança Pública do Rio Grande do Sul.

Bauman defende que o medo e a insegurança moderna têm origem no individualismo, sucessor das comunidades solidárias. Durante o período de Estado Social pós-Segunda Guerra Mundial havia muita proteção coletiva aos indivíduos. No neoliberalismo a competição substitui a solidariedade, de modo a abandonar os indivíduos. A vulnerabilidade social se torna a regra geral, a incerteza de um futuro frágil. Todos aqueles excluídos do sistema fazem parte do grupo indesejado que se deve evitar através da projeção de uma cidade segregada e excludente. A solução encontrada para as angústias causadas pela mixofobia (medo de se misturar) acaba por ser a verdadeira causa do problema. Ao vender-se a ideia de bairro fechado somente para a elite, intensifica-se a mixofobia, mas a mistura não é nenhum problema, uma vez que as cidades foram planejadas para ser o encontro da diversidade.

> As construções recentes, orgulhosamente alardeadas e imitadas, não passam de "espaços fechados", "concebidos para interceptar, filtrar ou rechaçar os aspirantes a usuários". A intenção desses espaços vetados é claramente dividir, segregar, excluir, e não criar pontes, convivência agradável e locais de encontro, facilitar as comunicações e reunir os habitantes da cidade. (BAUMAN, 2009, p. 42)

A forma mais comum da arquitetura defensiva certamente é representada pelos muros dos condomínios fechados, com guardas armados e câmeras. As campanhas publicitárias divulgam o isolamento dessas comunidades, a distância das violentas cidades repletas de indivíduos socialmente inferiores. Igualmente, esses condomínios fechados se transformaram em uma espécie de *panóptico* de Jeremy Bentham, onde o medo e a vigilância moldam o comportamento desejado pelo vigilante. Embora o *panóptico* tenha sido projetado para as prisões de sua época, a analogia com os atuais condomínios fechados ainda assim é válida. A arquitetura das cidades modernas também copiou essa tendência por vigilância constante e segregação; em especial o exemplo histórico mais conhecido foi o urbanismo excludente do Barão de Haussmann em Paris, no governo de Napoleão III.

A evolução do padrão da arquitetura da cidade foi moldada pelo medo, a começar pelo controle e pela vigilância do *panóptico* estendido para as fábricas na Revolução Industrial. Os arquitetos modernos começaram a projetar as cidades de acordo com sua função, a forma deve seguir a função, com cidades funcionando como fábricas. Segundo Nan Ellin a separação por zoneamentos de funções habitacionais, comerciais, lazer, fizeram parte da urbanização até a década de 1960 nos EUA. O medo pós-moderno após a década de 1970 marcou o início de um período de incertezas com o aumento de segurança na proliferação de comunidades fechadas, aumento do consumo por armamento de fogo, vigilância de espaços públicos (ELLIN, 2003, p. 48).

A arquitetura pós-moderna se transformou em uma espécie de "antimendigo", na medida em que cria obstáculos para evitar essas pessoas indesejadas próximas de áreas residenciais, comerciais e de lazer. Uma prática recorrente tem sido a implantação de pedras irregulares, vidros, estacas, em áreas onde moradores de rua geralmente buscam abrigo, como embaixo de viadutos, marquises, recuos prediais. Obstáculos são colocados nos bancos públicos para evitar a presença de skatistas, superfícies inclinadas para impedir que pessoas possam sentar-se para descansar. Também, barreiras pontiagudas nas fachadas, holofotes voltados para tirar o sono de mendigo e até mesmo sistema hidráulico que esguicha água sobre a calçada. Todas essas medidas urbanas cruéis concretizam a tentativa de desviar pessoas supérfluas, mas também dificultam a vida de toda a população e torna a cidade inabitável.

Parece que a sociedade global regressa para uma nova Idade Média, em todos os aspectos, principalmente na urbanização das cidades e suas casas com aspecto de fortalezas impenetráveis. Os condomínios urbanísticos muito se assemelham aos antigos burgos da Idade Média, cidades muradas para proteção e autogovernadas. Há, por exemplo, um condomínio californiano chamado Desert Island que apresenta até mesmo um fosso circundado de 10 hectares, como nos antigos castelos medievais, que separa os incluídos dos excluídos (ELLIN, 2003, p. 51).

As cidades estão se transformando em um conjunto de áreas segregadas onde as elites se protegem do ataque externo dos inferiores. O contexto que fundamenta a vida em enclaves fortificados se justifica pela presença de desigualdade social e inexistência do Estado ou pelo seu enfraquecimento, como no período atual de globalização do neoliberalismo.

1.2.3 Fragmentação da cidade com a urbanização dispersa

A globalização do sistema neoliberal tornou o poder público incapaz até mesmo de proporcionar segurança mínima às pessoas, fazendo com que estas se sintam cada vez mais estranhas às áreas públicas inseguras. Esse reconhecimento do espaço público como violento e do privado como seguro modifica toda estrutura social e urbana das grandes e médias cidades. Formam-se ilhas de dispersão entre vazios urbanos, com alta densidade populacional nas zonas pobres e baixas nas zonas ricas.

Essa fragmentação do solo foi permitida pelo poder público e até de certa forma motivada, visto os investimentos em rodovias e vias públicas que davam acesso aos locais distantes do centro. O controle sobre o transporte público tornou possível o deslocamento de operários para trabalhar nas indústrias localizadas nos mais diversos pontos da cidade. Essas áreas urbanas descontínuas serviram tanto para os grupos sociais menos favorecidos em locais de baixo valor de mercado, como para os mais favorecidos em locais residenciais distantes do centro, mas próximos de áreas atrativas, em uma espécie de bairro exclusivo.

Da mesma forma, o início do período mencionado como globalização apontou um crescimento demasiado da população nos centros urbanos, com áreas de residência, comércio, indústrias e lazer cada vez mais próximo. Esse caráter complexo de adensamento populacional passou a adotar formas coletivas de ocupação do solo para seu melhor aproveitamento. A forma condominial foi a melhor maneira de organização encontrada, a qual passou a ser uma alternativa para esse novo problema social. As áreas públicas abandonadas pelo poder público acabam por levar ao desinteresse da população. Percebe-se o aumento das ocupações irregulares de áreas públicas como áreas verdes, institucionais, vias públicas, convertidas em desafetação e regularização fundiária, tendo em vista a ineficiência de programas habitacionais. Da mesma forma, as áreas públicas em locais nobres são fechadas por associações de moradores que também passam a comandar em forma de condomínio.

Locais tipicamente de encontro público passam a ser privados, até mesmo os destinados ao consumo. Pode ser citado um exemplo local em relação ao comércio central de Pelotas, com seu apogeu na inauguração do Calçadão da Rua Andrade Neves na década de 1980. Esse local muito visitado pelas famílias no passado, com suas luxuosas vitrines, passou também a ser considerado um local perigoso, principalmente à noite. Outro exemplo seria a Avenida Bento Gonçalves, local de passeios familiares nos finais de semana do fim do século passado, mas agora um local perigoso com número elevado de homicídios e assaltos.

Novos núcleos privados de consumo foram surgindo em forma condominial, como centros comerciais (Bairro Cidade, na região do Fragata; Zona Norte, na região das Três Vendas; Mar de Dentro, na região do Laranjal), hipermercados (BIG rede Walmart, na região do São Gonçalo), e shopping center (Shopping Pelotas, na região do São Gonçalo). Além dos locais já existentes, pretende-se estabelecer uma nova centralidade com o empreendimento em formato de loteamento denominado Parque Una, nas proximidades do Shopping Pelotas e do Condomínio Lagos de São Gonçalo. Esse empreendimento une a edificação de condomínios verticais com lojas comerciais. Embora esse empreendimento tenha a característica de ser aberto ao público, há proposta de segurança particular que controle a circulação.

Os empreendedores do setor imobiliário também passaram a se adequar à nova realidade urbana, apresentando ao mercado empreendimentos de maiores dimensões que no passado. Os incorporadores costumam utilizar agora a maior parte da área da gleba para o uso comum dos condôminos do que para áreas privativas. Se antes os condomínios tinham apenas uma via de circulação para o acesso às residências e o convívio comum ocorria fora do condomínio, atualmente os empreendimentos apresentam a maior parte da área interna destinada ao convívio comum, sem a necessidade de utilização da cidade para isso. Quanto mais áreas verdes, mais equipamentos urbanos de lazer e outros benefícios internos o empreendimento apresentar, maior será seu valor e sua procura.

Os incorporadores também estão atentos para valorização imobiliária e facilitação da vida moderna, através da implantação de empreendimentos que mesclam o uso residencial com o uso comercial e de serviços. Em Pelotas, um empreendimento de mais de 6ha denominado Serenna Residence & Mall, na região administrativa do São Gonçalo, com o conceito *Mixed Use*, une moradias em condomínio fechado e condomínio comercial a céu aberto voltado ao público em geral, na tentativa de criar novas centralidades. Da mesma forma, a gleba onde está localizado o condomínio urbanístico Veredas Altos do Laranjal foi desmembrada para atender a limitação de 35ha, e parte do imóvel destinado para construção da escola particular Santa Mônica.

No fim do século passado a popularização dos veículos permitiu o deslocamento entre distantes pontos da cidade, o convívio entre condomínios residenciais, comerciais, de escritórios e shopping centers. Pode-se dizer que houve uma particularização da vida e um esvaziamento da cidade pública e de seus problemas com violência, trânsito e poluição. Para os grupos mais ricos é possível uma vida inteira privada dentro dos condomínios com piscinas, academias, áreas comerciais, escolas; quando necessário, o deslocamento é feito pelas vias públicas com automóveis pessoais. Esses empreendimentos acabam por selecionar somente consumidores com perfil específico, cujo transporte é realizado por meio de veículo próprio, uma vez que há grande dispersão entre os condomínios e os centros urbanos.

O paradoxo entre o crescimento cada vez menor dos espaços públicos e o crescimento cada vez maior da população marca outra influência da globalização na urbanização das cidades. A forte tendência da substituição dos loteamentos pelos condomínios traz um prejuízo incalculável, tendo em vista a urbanização do espaço sem a doação de áreas públicas para áreas verdes, áreas institucionais, sistema de circulação. Em uma despretensiosa previsão malthusiana, pode-se projetar que a população tende a crescer geometricamente enquanto as áreas públicas aritmeticamente. As áreas públicas tradicionais passam a ser desconsideradas, e as áreas privadas de uso comum em condomínios passam a ser consideradas "áreas públicas" entre pessoas que pertencem a um mesmo grupo social.

Em Pelotas, projetos de loteamentos convencionais são construídos com a aprovação do poder público, mas que muitas vezes desconsideram os interesses públicos. Um exemplo foi o loteamento Bougainville, na região administrativa do Laranjal, com os lotes de divisa com o logradouro público todos voltados para dentro do loteamento e não para fora. Passando pela Avenida Adolfo Fetter em direção à Praia do Laranjal, há um imenso paredão por toda extensão do loteamento, sem nenhuma harmonia com a cidade. Trata-se de um loteamento com área de cerca de 7,5ha, com acesso único, destinado aos grupos sociais de maior poder aquisitivo.

A utilização de *cul-de-sac*, ou balões de retorno, tem sido frequente na urbanização moderna, para criar intencionalmente ruas sem saída de tráfego limitado. Evita-se assim a passagem de pessoas que não residem no local, mas de uso restrito somente aos proprietários ou curiosos. O loteamento Amarílis na região administrativa do Laranjal apresenta *cul-de-sac* em todas as terminações de ruas, exceto no acesso principal pela Avenida Adolfo Fetter e nos dois acessos ao loteamento Balneário Santo Antônio. O loteamento Umuharama na região administrativa do São Gonçalo apresenta nas dez ruas somente uma que se liga ao sistema viário e uma com reserva para ligação a empreendimentos futuros. As demais ruas desse loteamento não possuem fim, já que têm formato de circuito oval com canteiro central.

A maior influência da globalização no urbanismo certamente é a tendência de ocupação de áreas remotas, e até tipicamente destinadas à população de baixa renda, por populações de alta renda confinadas em condomínios urbanísticos de luxo. Esse fenômeno culmina em elevar o valor da terra em seu entorno, expulsando as populações de baixa renda. Chama-se gentrificação este processo excludente que altera o espaço urbano de forma a expulsar a população mais pobre e incluir somente a população com maior poder aquisitivo, quase sempre influenciado pelo argumento de revitalização urbana do poder público. Em Pelotas/RS recentemente cerca de 72 famílias de baixa renda foram notificadas pelo poder público municipal para desocupar o local que habitam irregularmente há mais de 30 anos, na Estrada do Engenho, a poucos metros do condomínio Lagos de São Gonçalo, loteamento Parque Una Pelotas e Shopping Pelotas, tendo em vista a determinação do Ministério Público com argumento de riscos ambientais, em razão de estar em APP Ocupada.

1.3 Características comuns dos condomínios urbanísticos

Essas comunidades fechadas em expansão na era global possuem três características que as distinguem dos demais empreendimentos: o acesso controlado e exclusivo dos proprietários (barreiras de controle eletrônico, guardas, câmeras de vigilância); a privatização do espaço habitualmente público (ruas, praças, equipamentos urbanos); e ainda a existência de uma associação de proprietários. Com relação a essa última característica, a literatura norte-americana atenta para problemas causados pela existência de governos privados nos EUA, que assumem responsabilidades que antes eram do poder público. Calcula-se que haja 250.000 governos privados em comunidades fechadas nos EUA (McKENZIE, 2006, p. 15).

Para a literatura clássica especializada, as *gated communities* são comunidades fechadas por barreiras físicas que impedem a entrada de estranhos. Segundo os autores norte-americanos Edward Blakely e Mary Snyder as comunidades fechadas podem ter duas modalidades: incluem os novos condomínios urbanísticos (objeto da pesquisa empírica que originou o atual estudo) que já nascem fechados e as áreas residenciais fechadas posteriormente. Os autores ainda distinguem os condomínios tradicionais dos urbanísticos, já que estes restringem o acesso aos bens urbanos que no passado próximo eram públicos. Os condomínios tradicionais estão integrados à cidade, como forma de melhor ocupação do solo, diferente das comunidades fechadas que impõem verdadeiras cidades fechadas com grandes áreas dispersas do restante da cidade.

> Comunidades fechadas são áreas residenciais com acesso restrito que torna normalmente espaços públicos em privados. O acesso é controlado por barreiras físicas, perímetros murados ou vedados, e entradas fechadas ou protegidas. As comunidades fechadas incluem tanto novos empreendimentos como áreas residenciais remodeladas com barricadas e cercas. Elas representam um fenômeno diferente de apartamentos ou condomínios com sistemas de segurança ou porteiros. Lá, um porteiro impede o acesso público apenas a recepção ou corredores – o espaço privado dentro de um edifício. As comunidades fechadas impedem o acesso público a estradas, calçadas, parques, espaços abertos e playgrounds – todos os recursos que em épocas anteriores teriam sido abertos e acessíveis a todos os cidadãos de uma localidade. A melhor estimativa é que 2,5 milhões de famílias americanas já procuraram este novo refúgio dos problemas da urbanização, e seu número está crescendo. (BLAKELY; SNYDER, 1998, p. 53, tradução nossa)[4]

Antes de analisar as características dos condomínios urbanísticos locais será necessário diferenciar entre os diversos fenômenos urbanísticos semelhantes. Basicamente existem duas formas de ocupação do solo: o loteamento e o condomínio. Apesar de essa diferenciação ser feita de forma mais profunda no próximo capítulo, faz-se necessário esclarecer que não há diferenciação jurídica para tipos de loteamento ou tipos de condomínio. O que há são diferenças conceituais doutrinárias. Os loteamentos são subdivisões da gleba em lotes individuais, com

---

[4] No original: "Gated communities are residential areas with restricted access that makes normally public spaces private. Access is controlled by physical barriers, walled or fenced perimeters, and gated or guarded entrances. Gated communities include both new housing developments and older residential areas retrofitted with barricades and fences. They represent a phenomenon different from apartment or condominium buildings with security systems or doormen. There, a doorman precludes public access only to a lobby or hallways-the private space within a building. Gated communities preclude public access to roads, sidewalks, parks, open space, and playgrounds-all resources that in earlier eras would have been open and accessible to all citizens of a locality. The best estimate is that 2.5 million American families have already sought out this new refuge from the problems of urbanization, and their numbers are growing".

criação de vias públicas, destinação de área ao poder público, regidos pela Lei Federal 6.766/1979. Os loteamentos fechados (juridicamente não existem) são os mesmos loteamentos convencionais acima descritos, mas com as vias públicas de acesso fechadas pela iniciativa do loteador ou de associação de moradores, que podem ou não ser acrescidos de guarita de controle de entrada e saída, em um verdadeiro sistema de condomínio, com a possibilidade de rateio de despesas.

De outra forma, os condomínios residenciais são regidos pela Lei Federal 4.591/1964, onde todo espaço interno faz parte da área privada com característica de fracionamento da gleba em partes ideais entre seus condôminos proprietários. Os condôminos têm a obrigação de participar das despesas e podem impor barreiras físicas com autorização de entrada concedida pelos proprietários, pois toda a gleba é privada, não há individualização. Os condomínios podem ser verticais (apartamentos), mas também horizontais (com edificações integradas de casas).

Já os condomínios urbanísticos não se enquadram facilmente nem como loteamento nem como condomínio, embora juridicamente seja forma de condomínio especial, mesmo contendo todas as características de loteamento. Caracterizam-se pela comercialização de lotes, terrenos, ou frações ideais, sem edificação integrada, assim o adquirente constrói a própria residência. Em Pelotas/RS a legislação denomina esse tipo como sendo condomínio horizontal de lotes. É uma espécie híbrida entre os loteamentos convencionais e os condomínios convencionais, mas ainda na ausência de uma legislação federal que defina suas limitações. Sendo assim, os municípios com a competência legislativa têm se curvado aos interesses privados dos incorporadores.

Juridicamente não há diferença entre modalidades de condomínio, mas didaticamente os condomínios podem ser divididos em verticais e horizontais. Os mais comuns em Pelotas são os verticais/apartamentos que iniciaram suas edificações na década de 1960 (ex: Cohabpel – 1966; Bandeirantes – 1979; Cohab Guabiroba – 1979; Largo Vernetti – 1982), embora alguns conjuntos habitacionais tenham sido construídos em data anterior, antes do início do cadastramento pela Prefeitura. Apesar do tipo mais comum de condomínio em Pelotas ser o vertical/apartamento, observa-se uma crescente procura de todos os grupos sociais pelos condomínios horizontais de casas, por oferecer mais espaço e possibilidade de modificações como instalação de pequenas piscinas. Os condomínios horizontais de casas mais comuns são com edificações de casas integradas, construídas pelo próprio incorporador.

Esses condomínios de casas iguais ou semelhantes são destinados aos diversos grupos sociais, com predomínio entre as famílias de baixa e média rendas, mas também há para grupos sociais com renda alta. Em Pelotas podem ser citados como exemplo de condomínio de casas: o Moradas Pelotas – 2012, para famílias de baixa renda, com valor aproximado de R$ 100.000,00; o Serenna Residence – 2016, valor aproximado de R$ 300.000,00, para famílias com média renda; o Aldo Locatelli – 1998, para famílias com alta renda, valor aproximado de R$ 1.000.000,00.

Nos EUA os condomínios com edificações integradas (casas iguais ou semelhantes) são bastante comuns entre todos os grupos, mas no Brasil há certa resistência dos grupos sociais mais privilegiados que não aceitam pagar altos valores em residências iguais aos de seus vizinhos. Os consumidores brasileiros dos grupos sociais privilegiados não aceitam muito bem habitações sem distinções e privilégios. Por isso, recentemente o mais novo produto imobiliário lançado no mercado para esses grupos são os condomínios urbanísticos, com características de loteamento onde cada proprietário de lote pode construir sua mansão diferenciada, mas tudo isso dentro de um bairro fechado cercado por muros e com acesso controlado. O Brasil passou a permitir esse tipo de empreendimento a partir de uma equivocada interpretação do art. 8° da Lei Federal 4.591/1964. Copiou-se o modelo de *gated communities* dos EUA.

1.3.1 Origem dos condomínios fechados

Há basicamente duas visões sobre a origem dos condomínios fechados, sendo que uma delas mais ideológica a associa ao modelo de cidade-jardim, concebida por Ebenezer Howard (1850-1928), consistindo em cidades hipotéticas, autônomas, coletivas, cercadas por um cinturão verde em um meio-termo entre zona urbana e zona rural, a fim de viver longe das cidades industriais. Já a visão histórica mostra o aparecimento do modelo de condomínio fechado com origem nos subúrbios (subcidade, áreas ao redor das centrais) residenciais norte-americanos e ingleses voltados à classe média no século XVIII, bairros de lazer (FREITAS, 2008, p. 57). O arquiteto John Nash projetou o Park Village em Londres no ano de 1820, nessa época já planejava ruas sem saída desconexas com *culs-de-sac*. Morar nos subúrbios significava morar longe da classe trabalhadora, indesejáveis e perigosos, signo do poder burguês. As cidades-jardins foram baseadas nos subúrbios ingleses.

> Entendemos existir evidência suficiente para afirmar que os CFs ou gated communities (GCs) encontraram suas primeiras manifestações num mundo muito específico: o anglo-americano. Tal terá acontecido há mais de dois séculos, seja cerca de 1750. Seu primeiro fôlego, que haveria de engrossar, se bem que mudando formalmente de direção graças à intervenção de várias transformações contextuais de relevo, atravessou todo o século XIX para praticamente apenas se extinguir nas primeiras décadas do século XX. Ora, tal período correspondeu grosso modo ao do primeiro (longo, progressivo e variável, é certo) desenvolvimento da Modernidade. Desde então e até cerca de 1970 aquela forma socioespacial manteve-se "adormecida", datada e localizada. Sua globalização e sua expansão numérica são matéria mais recente, de novo, o arranque surgiu na mesma área geográfica. Agora, contudo, tal ocorreu em primeiro lugar nos Estados Unidos da América (EUA) e não em Inglaterra, como acontecera quando da primeira edição do fenômeno. (RAPOSO, 2012, p. 172)

Na década de 1970 surgiram vários empreendimentos desse tipo nos EUA, em especial em zonas turísticas como na Califórnia. Na década de 1980 eles se multiplicaram e se tornaram um novo produto imobiliário, em todo território norte-americano, transformando os subúrbios em um fenômeno globalizado. Foi nessa época que os subúrbios passaram a ter características de bairros fechados, com o fechamento de áreas abertas em benefício próprio, assumindo-se privativamente serviços coletivos até então públicos, como segurança, lazer e manutenção urbana. Tanto os condomínios urbanísticos do Brasil como os do restante da América Latina tiveram como referência os subúrbios norte-americanos e ingleses. Sua proliferação aumenta na mesma proporção do crescimento das desigualdades entre os grupos sociais, como maneira de exercício do poder, dominação e manutenção de privilégios.

A crise da década de 1980 marca o fim do modelo desenvolvimentista brasileiro e acentuação da exclusão social, diante de um modelo de Estado neoliberal cada vez menos proveniente. Ademais, o aumento da desigualdade trouxe também o avanço da criminalidade e consequentemente o medo da violência. Assim, o poder público enfraquecido já não consegue apresentar um desempenho satisfatório nem mesmo na área de segurança, o que leva à permissão da criação de bairros fechados, enclaves fortificados, verdadeiras cidades fragmentadas dentro da própria cidade, com proteção garantida para aqueles que podem pagar pelo serviço. Se antes do fenômeno globalização os grupos sociais estavam separados pela distância entre o centro e as periferias, atualmente os mesmos grupos podem estar próximos, mas separados por muros com muita segurança, os enclaves fortificados.

> Nas últimas décadas, a proliferação de enclaves fortificados vem criando um novo modelo de segregação espacial e transformando a qualidade da vida pública em muitas cidades ao redor do mundo. Enclaves fortificados são espaços privatizados, fechados e monitorados para residência, consumo, lazer ou trabalho. Esses espaços encontram no medo da violência uma de suas principais justificativas e vêm atraindo cada vez mais aqueles que preferem abandonar a tradicional esfera pública das ruas para os pobres, os "marginais" e os sem-teto. Enclaves fortificados geram cidades fragmentadas em que é difícil manter os princípios básicos de livre circulação e abertura dos espaços públicos que serviram de fundamento para a estruturação das cidades modernas. (CALDEIRA, 1997, p. 155)

Em todo mundo as transformações urbanas sempre definem um novo padrão de segregação socioespacial com origem em uma transformação social. Na América Latina a motivação foi a redemocratização da década de 1980; na África do Sul o pós-*apartheid*; na América do Norte foram as imigrações; e no Leste Europeu o fim do socialismo (CALDEIRA, 2000, p. 9). A forma mais emblemática dessa segregação são os muros. A fala do crime constrói a reordenação simbólica do mundo elaborando preconceitos de certos grupos sociais como perigosos, onde se divide tudo de modo simplista entre mal e bem. A criminalização simbólica é um processo tão difundido que até as vítimas da estereotipização (pobres) a reproduzem.

Para Teresa Caldeira, o discurso simbólico do crime cria duas novas formas de discriminação: a privatização da segurança e os enclaves fortificados. A privatização da segurança desafia o monopólio legítimo da força pelo Estado (Max Weber), pois a segurança se tornou mercadoria comercializada e adquirida pelos grupos sociais privilegiados, deslegitimando a cidadania. Os enclaves são espaços privados de segregação que separa os grupos sociais de forma tão explícita que transforma a qualidade do espaço público (CALDEIRA, 2000, p. 11).

Os norte-americanos Blakely e Snyder fazem tipologias de *gated communities*, que se diferenciam pelo tamanho das glebas, localização, público-alvo, valor dos lotes: *lifestyle communities* – público de aposentados reunidos em torno de uma atividade de lazer específica, o prestígio é a principal motivação e não o medo, somente para ricos e famosos; *prestige communities* – famílias de alta renda e classe média com desejo de excluir, cujo medo é importante motivação, exclusivamente residencial, objetivo de distanciar dos problemas urbanos; *security zones communities* – fechamento de bairros, ruas, praças, já existentes, promovido pela própria comunidade, com motivação do medo do crime, já que a polícia é ineficiente, o medo é real, mas nem sempre reflete a realidade.

> As *lifestyle communities* atraem aqueles que querem serviços e instalações privadas; eles também buscam um ambiente homogêneo socialmente. As *prestige communities* atraem quem procura uma vizinhança estabelecida com pessoas semelhantes, onde serão protegidos os valores de propriedade; as preocupações com a privatização dos serviços vêm em segundo lugar. As *security zone* se preocupam em fortalecer e proteger um senso de comunidade, mas seu principal objetivo é excluir os lugares e as pessoas que ameaçam à sua segurança ou qualidade de vida. (BLAKELY; SNYDER, 1997b, p. 44-45, tradução nossa)[5]

Na cidade de Pelotas/RS, segundo essa tipologia, o estilo predominante é *o prestige communities* com os condomínios urbanísticos objeto desta pesquisa: Lagos de São Gonçalo, Veredas Altos do Laranjal, Alphaville Pelotas 1 e Alphaville Pelotas 2, muito embora haja situações *de security zones communities*, com fechamento integral no Loteamento Marina Ilha Verde, na região administrativa do São Gonçalo, e fechamento parcial no Loteamento Recanto de Portugal, na região administrativa do Laranjal. Ambos os loteamentos estão localizados nas margens do Arroio Pelotas, região mais valorizada da cidade desde sua origem.

1.3.2 Externalidades das urbanizações fechadas

Podem-se identificar várias hipóteses que motivam a proliferação desse novo produto imobiliário vendido no mercado. O principal

---

[5] No original: "The lifestyle communities attract those who want separate, private services and amenities; they are also seeking a homogeneous, predictable environment. The prestige communities draw those seeking a stable neighborhood of similar people where property values will be protected; concerns about separation and privatization of services come second. The security zone neighborhoods are trying to strengthen and protect a sense of community, but their primary goal is to exclude the places and people they perceive as threats to their safety or quality of life".

argumento utilizado pelo consumidor final certamente pode ser definido como uma busca por segurança ou medo do crime. Não importa para esse consumidor do quanto de liberdade ele tenha que abrir mão, desde que possa sentir a segurança que não será vítima de crimes contra seu patrimônio e outros crimes violentos. Outra motivação é a vida em comunidade, ou seja, não há diferença entre os de dentro, mas somente entre os de dentro e os de fora. Etimologicamente a palavra comunidade se refere ao comum, à busca pela relação social somente entre os iguais. "A comunidade realmente existente se parece com uma fortaleza sitiada, continuamente bombardeada por inimigos (muitas vezes invisíveis) de fora e frequentemente assolada pela discórdia interna" (BAUMAN, 2003, p. 19).

Algumas restrições condominiais em uma espécie de cidade privada atraem certos tipos exigentes de públicos. As convenções de condomínios funcionam como um sistema jurídico interno que determina padrão de construção mínimo, tipo de vegetação, chegando até mesmo ao cúmulo de restringir a entrada de certo tipo de profissional (domésticas e babás) de frequentar os locais de uso comum dos proprietários. Nesse sentido, internamente o síndico desempenha a função política, eleito democraticamente pelos seus cidadãos (condôminos) dessas cidades privadas. Além do mais, outros fatores como a distinção social entre os moradores dos condomínios luxuosos levam à busca por esses residenciais privilegiados. Na globalização a proteção do patrimônio por muros e grades confere um poder simbólico de dominação, uma espécie de *status* sobre os demais cidadãos abjetos de fora do condomínio. Nota-se que na verdade os grupos sociais privilegiados buscam a autossegregação social no espaço territorial para viver longe de seus explorados.

Faz-se necessário também observar o argumento dos adquirentes intermediários que investem em unidades dentro de condomínios urbanísticos motivados pela lucratividade de curto prazo. A compra de uma unidade imóvel na planta sempre possui um valor de troca muito menor que após sua entrega. Pensando nisso o investidor adquire lote no lançamento do empreendimento com tabela de valor muito menor que após alguns anos, quando da valorização do negócio. O poder público desempenha papel fundamental nessa valorização, com o investimento público em melhorias no entorno dos empreendimentos como o asfaltamento de vias de acesso.

Já as consequências dos condomínios fechados são diversas, a hipótese da presente pesquisa trata de alguns, como a segregação socioespacial e apropriação do espaço. Os grupos sociais privilegiados não podem mais excluir os demais para as periferias, restando como última saída a autossegregação em condomínios de luxo. O maior problema que esse novo modelo traz é a morte da cidade tradicional, o surgimento de pequenas cidades privadas em descontinuidade com o restante da cidade. O que resta da velha cidade se torna abandonado e perigoso, destinado aos menos favorecidos economicamente. A via pública se torna apenas um acesso aos condomínios, shoppings, supermercados. A única forma viável de mobilidade para os consumidores desses condomínios passa a ser o automóvel para deslocamento de longas distâncias entre os centros e os residenciais.

A utilização privada dos bens ambientais e urbanos passa a ser um grave problema. Há relatos de grandes condomínios urbanísticos realizados em áreas ambientais de grande valor, como entorno de cursos d'água, matas nativas, montanhas, e até mesmo condomínios em terrenos de marinha que impedem o acesso dos cidadãos às praias, consideradas bens públicos de uso comum. Outra consequência negativa da implantação desses condomínios urbanísticos no lugar dos tradicionais loteamentos pode ser definida como a não destinação de parte da gleba para o poder público, pois não há a obrigação legal nos casos dos condomínios. Isso significa que há uma tendência de estagnação do crescimento das áreas públicas em todos os aspectos, como vias públicas de circulação, áreas verdes para praças, áreas institucionais para escolas públicas e postos de saúde.

1.3.3 *Gated communities* ao redor do mundo

Os condomínios urbanísticos já são uma realidade em todo mundo, em especial como um novo modelo habitacional norte-americano. A globalização permitiu o surgimento desse tipo de comunidade privada nos mais diversos contextos sociais. Os norte-americanos podem ser considerados os precursores em grande escala desse tipo de urbanização, mas o modelo existe em todos os países com grande nível de desigualdade, como forma de autossegregação dos grupos sociais com mais recursos econômicos. Em países com grandes espaços territoriais, os condomínios possuem também grandes áreas, ao contrário da maioria dos países europeus com pequenas áreas. Até mesmo em países com

tradição não capitalista os condomínios estão presentes geralmente para estrangeiros que trabalham em multinacionais.

a) Estados Unidos da América

Blakely e Snyder descrevem o surgimento de uma nova forma de discriminação, os condomínios fechados. Estima-se que 8 milhões de norte-americanos estão buscando residir em comunidades fechadas, com proteção, educação, recreação e tudo mais que uma comunidade pode oferecer. Nos EUA as comunidades fechadas começaram a ser construídas em grande quantidade a partir do final dos anos 1980. Nessa época a maioria dos empreendimentos era destinada aos milionários, mas hoje os maiores consumidores são as famílias de classe média alta. Cerca de 1/3 dos empreendimentos nos EUA são implantados para as classes altas e médias altas, 1/3 para as comunidades de aposentados e o outro 1/3 para a classe média e classe trabalhadora (BLAKELY; SNYDER, 1997a, p. 86). Os norte-americanos também estão desistindo do velho estilo de vida nos grandes centros, com preferência por residir nos subúrbios. Setha Low estima que entre 4 e 8 milhões de norte-americanos vivam em condomínios fechados, e cerca de 1/3 de todas as construções realizadas nos últimos anos foram dentro desses empreendimentos (LOW, 2001, p. 46).

Em números absolutos as maiores concentrações de condomínios fechados nos EUA são, respectivamente: Califórnia, Flórida e Texas. São muito comuns também em Nova Iorque, Chicago, Phoenix, Miami e outras cidades costeiras. Aqueles que se sentem ameaçados pela pobreza têm duas opções para a autossegregação: construir fortalezas ou se instalar em uma zona segura fortificada. Conforme já mencionado, os tipos de comunidades fechadas incluem as de estilo de vida, as comunidades de elite e as de zona de segurança.

Mike Davis fala que o padrão global é expulsar os pobres do centro, porém, em algumas cidades do terceiro mundo isso já não é mais possível, por isso reproduzem a segregação urbana como se faz nos EUA, com a classe média fugindo para os condomínios fechados. Esse autor dedica um capítulo do seu livro *Planet of Slums* (Planeta favela) para tratar dos loteamentos fechados, denominados de "off worlds", mundo de fora, como no filme *Blade Runner*: o caçador de andróides, esses lugares costumam ser imaginados como o sul da Califórnia, Beverly Hills. São lugares onde os habitantes privilegiados podem manter distância da vista e da gravidade da pobreza e da violência que assola a sociedade. "Se os pobres resistem duramente ao despejo do núcleo urbano, os mais abonados trocam voluntariamente os seus antigos bairros por loteamentos temáticos murados na periferia" (DAVIS, 2006, p. 120).

b) México

Os condomínios urbanísticos, ou urbanizações fechadas como são chamadas no México, monopolizam o mercado de residenciais dirigidos aos grupos sociais com renda alta. A fórmula consiste na demarcação das urbanizações com muros, além da agregação de valores com grandes espaços de uso comum e uma boa campanha publicitária. Em Guadalajara as urbanizações fechadas de luxo cobriam na década de 1990 aproximadamente 10% do tecido urbano e alojavam apenas 2% da população. "Ello es resultado del predomínio de residências de baja densidad y de la presencia de suelo ocioso que busca plusvalorizarse"[6] (CABRALES BARAJAS, 2006, p. 128).

A cidade de Guadalajara no México passou por quatro décadas de evolução das urbanizações fechadas. A primeira etapa: o *country club* como subúrbio de elite – surge na década de 1960, com campos de golfe símbolo de prestigio social. Nessa etapa surgem as guaritas para controlar a entrada, o *cul-de-sac* que apelam pela exclusividade do trânsito. Santa Anita iniciado em 1967 possui 120ha Bosques de San Isidro do ano de 1970 possui uma área superficial de 567ha. A segunda etapa: o entorno do Bosque de La Primavera como objeto de desejo – inicia com empreendimentos de uso permanente na década de 1970, como exemplo o Bugambilias com 708ha e El Palomar com 746ha. A terceira etapa: nas imediações do Bosque de Los Colomos como novo epicentro – entram em moda os modelos defensivos de habitação. A quarta etapa: até onde permitem as leis do mercado, vale quase tudo – na década de 1990 as urbanizações fechadas se tornam predominantes entre os grupos sociais com maiores rendas, mas também condomínios mais modestos para os grupos sociais com médias rendas. Nesse período reaparece o *country club*, com o Las Lomas Club de Golfe com área de 180ha, sendo apenas metade da área como residencial, o El Rio Country Club com 300ha, o Ayamonte com 50ha.

c) Argentina

---

[6] "Isso é resultado da predominância de residências com baixa densidade e a presença de terrenos ociosos que buscam ganhar valor. (Tradução nossa)"

No início do século XXI as cidades privadas proliferam na Região Metropolitana de Buenos Aires (RMBA) na Argentina. Qualquer exemplo destas cidades privadas portenhas poderia alcançar o *status* de cidade: Nordelta com 130.000 habitantes; Estancias del Pilar com 48.000, Villanuena com 45.000 (VIDAL-KOPPMANN, 2012, p. 71). As transformações da Região Metropolitana de Buenos Aires, com aparecimento de diversas urbanizações fechadas, como por lá são chamadas, foram uma consequência da intervenção dos incorporadores no planejamento urbano, produzindo a cidade de acordo com os interesses privados.

Desde la década de los 90 en adelante, la mayoría de los gobiernos locales aceptaron y estimularon las iniciativas privadas de producción de ciudad. Asociadas a una fuerte corriente de inversores llegaron las urbanizaciones cerradas que invadieron el segundo y tercer cordón metropolitano, y junto con ellas, los equipamientos que complementaron la instalación de las mismas sin más plan que las directrices del mercado. (VIDAL-KOPPMANN, 2011, p. 113)[7]

Essas urbanizações fechadas podem ser caracterizadas como áreas de baixa densidade habitacional, com uma boa qualidade de estruturas, rodeado por zonas degradadas com assentamentos informais. Somente na primeira década do século foram incorporados cerca de 40.000ha de superfície territorial na Região Metropolitana de Buenos Aires (equivale ao dobro da cidade autônoma de Buenos Aires), distribuídos em mais de 400 empreendimentos de diferentes tamanhos e tipologias. Todas essas urbanizações fechadas possuem uma densidade menor que 40 habitantes por hectare, em contrapartida ao restante da aglomeração urbana da Região Metropolitana de Buenos Aires com densidade de 54 habitantes por hectare (VIDAL-KOPPMANN, 2011, p. 114-115).

Para essa autora as potencialidades das cidades privadas da Região Metropolitana de Buenos Aires podem ser distinguidas nas seguintes categorias: cidades consolidadas (Nordelta, Villanueva); cidades em processo de transformação (Pilar del Este, Puerto Trinidad); cidades futuras (Área 60, San Sebastián); conjuntos de urbanizações privadas (Corredor Verde Canning-San Vicente); cidades privadas

---

[7] "A partir da década de 1990, a maioria dos governos locais aceitou e incentivou as iniciativas privadas de produção das cidades. Associado a um forte fluxo de investidores vieram os condomínios fechados que invadiram o segundo e o terceiro cordão metropolitano e, com eles, as instalações que complementaram sua instalação sem nenhum plano além das diretrizes de mercado." (Tradução nossa)

orientadas ao turismo (San Vicente, Puertos del Lago, Reserva Los Cardales). As cidades consolidadas possuem um único propósito, fazer cidade, pois não se contentam mais como simples bairros privados. Por exemplo, o Villanueva se caracteriza por um megaprojeto com 700ha com 11 bairros fechados.

O principal condomínio fechado da Argentina fica em Buenos Aires, o denominado Nordelta. Trata-se de um condomínio em uma grande área de 1.600ha, com uma população aproximada de 80.000 habitantes, enorme complexo desportivo, escolas privadas, uma escola técnica e uma universidade privada, com 30 bairros planejados (BORSDORF; JANOSCHKA, 2006, p. 90). Somente a área do Nordelta é maior que a área da zona administrativa do centro da cidade de Pelotas/RS. Muitos habitantes que residem em Nordelta se autodenominam de "Nordelteños", em um contraste com o nome Porteños (habitantes de Buenos Aires). Nordelta é considerado o maior complexo fechado da América. Para Borsdorf, o precursor dos bairros fechados na América Latina foi a presença de famílias pobres nas zonas centrais no fim do século XIX, com casas unifamiliares subdivididas.

Axel Borsdorf e Michael Janoschka caracterizam três tipos de bairros fechados, diferenciados pela estrutura, localização e tamanho: comunidades urbanas fechadas, para famílias de baixa, média ou alta renda; comunidades suburbanas fechadas, predominante para classes médias, mas também pode ocorrer para classes baixas; megaprojetos com instalações culturais e educacionais integradas (BORSDORF; JANOSCHKA, 2006, p. 99). Todos esses tipos têm crescido na América Latina. Somente na década de 1990 foram implantados 750 novos bairros fechados na Cidade do México com quase 50.000 unidades habitacionais. Em Buenos Aires existem mais de 450 comunidades suburbanas fechadas, sendo que 80% foram criadas entre 1995 e 2001. Calcula-se que existam 100.000 unidades habitacionais dentro de comunidades suburbanas fechadas em Buenos Aires. Para Maristella Svampa (SVAMPA, 2008, p. 57) havia 434 empreendimentos fechados na Região Metropolitana de Buenos Aires até a publicação do seu livro, sendo 252 bairros fechados (58%), 139 *countries* (32%), 36 chácaras (8%) e 7 megaempreendimentos (2%).

d) África do Sul

Na África do Sul a globalização e o pós-*apartheid* contribuíram para a transformação da cidade e o aumento da criminalidade. A segregação residencial na África do Sul teve um aumento a partir da década de 1990, surgindo então as comunidades fechadas como resposta às patologias sociais. Embora o *apartheid* fosse uma segregação por raça, agora a segregação socioespacial é baseada na renda. Ulrich Jürgens e Karina Landman detectam categorias de comunidades fechadas na África do Sul: *security villages* e *enclosed neighbourhoods* (vilas seguras e bairros fechados). As vilas seguras podem ser: propriedades de segurança e complexos urbanos; complexo de casas residenciais geminadas; e grandes propriedades de segurança, geralmente entre 20 e 50ha, mas há Heritage Park na cidade de Cape Town com 200ha, e Dainfern em Joanesburgo com 350ha. Já os bairros fechados são os já existentes, com ruas públicas, no entanto, com acesso controlado por barricadas. Jürgens e Landman identificaram os dois tipos de categorias na África do Sul, sendo que 35% são complexos urbanos. Em alguns municípios chegaram a ser observados mais de 100 bairros fechados, Joanesburgo, por exemplo, apresenta 300 bairros fechados. Em janeiro de 2003 havia 200 fechamentos ilegais de vias públicas em Joanesburgo (JÜRGENS; LANDMAN, 2006, p. 113).

e) Portugal e Espanha

Na Espanha as primeiras urbanizações fechadas apareceram na década de 1970. Em Madri os primeiros condomínios fechados eram *resorts* de fim de semana, que após passaram a ser de habitação permanente. Já em Portugal os bairros fechados iniciaram na década de 1980. Uma característica comum dos dois países europeus foi a pequena área superficial envolvida, de acordo com a realidade dos países europeus que possuem em geral pequenas áreas territoriais. Os condomínios analisados em Lisboa são pequenos se comparados com outros do mundo, a grande maioria menores que 5ha, na verdade apenas 10 têm área maior que essa. Além do mais, em Lisboa, dos 97 empreendimentos, apenas 10 datavam de antes da década de 1990 (WEHRHAHN; RAPOSO, 2006, p. 170). Desses 97 bairros fechados, 54 só se sabe que as áreas eram menores que 5ha, e os outros 43 se sabe que ocupam juntos uma área de 1.424ha. Rainer Wehrhahn e Rita Raposo detectam três modalidades de bairros fechados: complexos de apartamentos (72 casos) com área menor que 5ha; moradias isoladas ou geminadas (18 casos); e conjuntos habitacionais fechados (7 casos).

f) China

As comunidades fechadas na China podem ser consideradas como um novo fenômeno da década de 1990, e por ser ainda um tabu da república ex-socialista, o que justifica a falta de literatura sobre o assunto. Na região de Pequim, na China, há várias comunidades fechadas, sendo que um dos mais importantes, o Purple Jade Village, um complexo residencial fechado de luxo, ocupa uma área total de 66,6ha, ao norte da capital do país. O Purple Jade Village é descrito como segregativo ao extremo (GIROIR, 2006, p. 139), na medida em que o luxo é extremamente desproporcional se comparado com o padrão de vida do restante de Pequim. Esse empreendimento está longe da poluição, dos engarrafamentos, do barulho e outros problemas urbanos da capital. O Purple Jade Village compreende 400 moradias, com as 426 pessoas mais ricas de Pequim. Nesse empreendimento não há proprietários, e sim arrendatários com contrato renovado a cada 70 anos, a fim de manter a continuidade ideológica do regime já extinto. Cerca de 20% das moradias são alugadas por altos valores, pagos por grandes corporações. Uma das características das comunidades fechadas na China é que foram erguidas em ex-territórios coletivos na zona rural (WEBSTER; WU; ZHAO, 2006, p. 151).

CAPÍTULO 2

LEGITIMIDADE SOCIAL E JURÍDICA DOS CONDOMÍNIOS URBANÍSTICOS E DO DIREITO À CIDADE

No Brasil os condomínios urbanísticos começaram a surgir na ausência de legislação específica sobre o tema. Como se trata de uma competência municipal cada cidade cria suas leis segundo os interesses locais, quase sempre cedendo aos interesses das construtoras que atuam no mercado imobiliário. O poder público cada vez mais enfraquecido pela globalização neoliberal, incapaz até mesmo de proporcionar a segurança pública, acaba por permitir, apoiar e legitimar a instituição de condomínios fechados. Por sua vez, a sociedade também legitima a tendência da autossegregação dos grupos sociais que podem pagar pela proteção residencial nas comunidades fechadas.

2.1 Busca da efetividade do direito à cidade na legislação brasileira

A legislação brasileira assegura o direito à cidade por meio de diretrizes urbanísticas, em capítulo exclusivo sobre política urbana na Constituição Federal, regulamentado pelo Estatuto da Cidade somente no ano de 2001. No plano local os Planos Diretores visam orientar a ocupação do solo nos interesses coletivos e difusos. Sendo assim, constata-se um paradoxo entre o sistema jurídico que garante a existência de grandes condomínios segregados sem a destinação de áreas públicas e assegura também o direito à cidade, isto é, o direito de planejar a cidade e a liberdade de acesso aos recursos urbanos. Esse direito social se encontra no rol dos direitos fundamentais de terceira geração, portanto, deveriam prevalecer sobre as demais legislações específicas.

2.1.1 Trajetória de reconhecimento constitucional da política urbana

Os condomínios urbanísticos, comuns nas últimas décadas ao redor do mundo, em tese estão em desacordo com direitos fundamentais. Em especial, as políticas urbanas garantidas constitucionalmente foram oriundas de lutas históricas por direitos sociais no século XX. Primeiramente os direitos fundamentais iniciaram nas lutas contra a tiraria dos governos absolutistas, a fim de submeter à Administração às regras do direito. De acordo com Lenio Streck e José Morais (2014, p. 38) a primeira versão do Estado moderno foi o modelo absolutista, forma de governo em que o detentor do poder exerce autoridade sem dependência ou controle de outros poderes. Essa versão primitiva de Estado moderno acabou com a Revolução Francesa.

A segunda versão do Estado moderno, o modelo liberal, limitou a autoridade através do movimento constitucionalista, do sufrágio e da representação da cidadania. Consolida-se aqui a liberdade, direitos humanos, ordem legal, governo representativo, legitimação da mobilidade social. A burguesia inaugura seu poder político como classe, uma vez que já detinha o poder econômico. Nesse modelo liberal há vários núcleos: o moral, com as liberdades civis; o núcleo econômico, com os pilares do capitalismo e livre mercado; e o núcleo político, com a representação.

A terceira versão do Estado moderno, o modelo social, inicia no século XIX quando o Estado passa a assumir tarefas positivas, prestações públicas assegurando a cidadania, era o início da justiça social, do *Welfare State*. Uma crítica pertinente feita pelos autores é que na América Latina o Estado de Bem-estar Social jamais chegou a se estabelecer como na Europa. No Brasil a modernidade foi tardia, e as intervenções estatais serviram apenas para a acumulação de capital e renda para as elites brasileiras. A minimização do Estado em países que passaram pelo *Welfare State* tem consequências absolutamente diversas da minimização do Estado em países onde não houve o Estado social. A globalização neoliberal pós-moderna aparece como contraponto das políticas no *Welfare State*, sendo interessante apenas para camadas superiores da sociedade que se aproveitaram da privatização do Estado.

A ideia do Estado liberal de direito possui como característica principal a supremacia da lei, com a não intervenção do Estado na vida privada. Já o Estado de direito social procurou alargar os direitos fundamentais garantidos pelo Estado, ao mesmo tempo que obrigou o mesmo na concretização dos direitos. Os direitos fundamentais representam todos aqueles inerentes à natureza humana e podem ser divididos em períodos. "O estudo comparativo das Constituições dos Estados contemporâneos nos permite identificar três gerações de direitos no longo processo de incorporação nos Textos Constitucionais" (LOBATO, 1998, p. 146).

A primeira geração inicia na primeira metade do século XIX com os direitos e as liberdades individuais para proteger os indivíduos do arbítrio do Estado (Constituição de 1824). A segunda geração aparece na segunda metade do século XIX com o reconhecimento dos direitos coletivos (Constituição de 1891). Os de terceira geração surgiram no século XX com a necessidade de uma ação positiva do Estado, relacionados aos direitos de ordem social (Constituições de 1934 e 1946). No final do século XX começou a se falar em direitos de quarta geração com direitos ligados ao progresso da ciência.

Os direitos fundamentais da Constituição de 1988 estão mencionados no título II. Os direitos de primeira e de segunda geração ocupam os quatro primeiros capítulos. Os direitos fundamentais de terceira geração foram limitados aos do capítulo II, arts. 6 ao 11 com a indicação genérica, mais bem elucidados no final do texto constitucional, título VII. Dentro desses direitos de terceira geração aparece a política urbana, capítulo II, arts. 182 e 183. Muito embora os constituintes quisessem criar normas de aplicação imediata, a política urbana se enquadrou como norma sem autoaplicação. Somente com o advento do Estatuto da Cidade ocorreu a regulamentação da política urbana no Brasil.

2.1.2 Positivação do direito à cidade no sistema jurídico

A discussão sobre o direito à cidade é relativamente uma demanda recente de países que apresentam o aumento significativo na taxa de urbanização. Aliás, o direito à cidade é um pleito defendido principalmente em países subdesenvolvidos marcados pelo precário processo de urbanização, colonização, regimes autoritários. Essa luta pelo direito à cidade não se restringe ao Brasil, pois apenas como exemplo, no âmbito internacional, esse direito aparece na constituição de países como Bolívia e Equador. Além disso, pertinente mencionar a Carta Europeia de Salvaguarda dos Direitos Humanos na Cidade, a Carta de Montreal e a Carta da Cidade do México pelo Direito à Cidade.

No âmbito nacional a positivação foi iniciada com a Constituição Federal de 1988, depois surge o Estatuto da Cidade, os Planos Diretores. Mas a proposta por uma reforma urbana nas cidades brasileiras teve seu início nas "reformas de base" do governo João Goulart, com a formulação de proposta ao Congresso de 1963, pelo Instituto dos Arquitetos do Brasil, inviabilizada pelo governo militar, mas ressurgida com a redemocratização. A principal bandeira dessa reforma urbana se consolidou como o direito à cidade. (SAULE JÚNIOR; UZZO, 2010, p. 259-260).

a) Constituição Federal

O caráter jurídico de direito à cidade começou a tomar forma com uma Emenda Popular de Reforma Urbana, através de entidades da sociedade civil. Essa emenda subscrita por 131.000 eleitores foi fundamental para elaboração de um capítulo específico sobre as políticas urbanas na Constituição Federal de 1988. A emenda propôs também instrumentos jurídicos para assegurar a prevalência dos direitos urbanos, bem como para condicionar a propriedade urbana à função social.

O processo constituinte que introduziu o capítulo sobre as políticas urbanas claramente foi caracterizado pela resistência na instituição de normas autoaplicáveis que gerassem responsabilidades ao poder público. Os constituintes com um pensamento de cidade como valor econômico buscaram impedir normas urbanísticas que pudessem afetar os detentores do capital imobiliário, como o estabelecimento de sanções aos descumpridores da função social da propriedade e da cidade. Dessa maneira foram desenhados os caminhos a ser percorridos, primeiro com a instituição de princípios constitucionais urbanísticos, e após, as definições. (SAULE JÚNIOR, 1997, p. 32)

Portanto, no Brasil a positivação do direito à cidade somente iniciou com a pressão popular por reformas urbanas. Através de muita mobilização social pela primeira vez um capítulo sobre políticas urbanas foi inserido em uma constituição, mais especificamente com a edição dos arts. 182 e 183 da Constituição Federal de 1988. O art. 183 garante uma nova modalidade de usucapião urbana. Já o art.

182[8] adentra realmente nos princípios norteadores da política urbana brasileira, a fim de garantir o direito à cidade aos cidadãos. O conceito positivado pela Constituição Federal de 1988 parece estar de acordo com os teóricos do direito à cidade, na medida em que sua regulamentação garante cidades sustentáveis com acesso universal aos benefícios urbanos públicos para as presentes e futuras gerações, art. 2°, I, V e outros, do Estatuto da Cidade, e a gestão democrática com a participação da população no planejamento urbano, art. 2°, II, IV e outros, também do Estatuto da Cidade.

b) Estatuto da Cidade

Para consolidar o texto constitucional foi necessária a regulamentação do mesmo, o que só ocorreu em 2001 com a Lei Federal 10.257/2001, o aclamado Estatuto da Cidade. A referida lei foi criada em um contexto de cidades brasileiras com graves problemas de urbanização descontrolada, falta de planejamento e absoluta segregação. Esse processo de urbanização levou à degradação ambiental e à exclusão de parcela da população dos bens urbanísticos. Sendo assim, o Estatuto da Cidade foi um importante instrumento criado para minimizar os problemas da urbanização. Alguns desses instrumentos podem ser citados, como: função social da cidade e da propriedade; instituição do plano diretor; IPTU progressivo; definição de zonas de interesse social; zoneamento urbano, etc. A partir dessa lei a gestão da cidade passa a ter um caráter mais democrático com a participação popular, com órgãos colegiados, debates, conferências, iniciativa popular de projeto de lei.

O amplo alcance das diretrizes do Estatuto da Cidade, sem interferir na autonomia dos entes federados, confere à regra o caráter de norma geral. Logo no primeiro capítulo do estatuto são estabelecidos parâmetros para construção da política urbana em todas as instâncias do poder público. O seu art. 2° disciplina a política urbana para o pleno desenvolvimento das funções sociais da cidade com várias diretrizes, em especial o inciso I, com a garantia do direito a cidades sustentáveis, entendido como o direito à terra urbana, à moradia, ao saneamento ambiental, à infraestrutura urbana, ao transporte e aos serviços públicos, ao trabalho e ao lazer, para as presentes e futuras gerações. Também, no

---

[8] Art. 182. A política de desenvolvimento urbano, executada pelo Poder Público municipal, conforme diretrizes gerais fixadas em lei, tem por objetivo ordenar o pleno desenvolvimento das funções sociais da cidade e garantir o bem-estar de seus habitantes.

inciso II, um importante texto que garante, ao menos em tese, a gestão democrática por meio da participação da população e de associações representativas dos vários segmentos da comunidade na formulação, execução e acompanhamento de planos, programas e projetos de desenvolvimento urbano.

Além do capítulo específico na constituição e do Estatuto da Cidade, temos outro grande instrumento legal de política urbana conhecido como Plano Diretor, que contempla as peculiaridades locais dos municípios. O Plano Diretor é obrigatório em cidades com mais de 20.000 habitantes, de acordo com §1º, do art. 182 da Constituição Federal, ou em cidades integrantes de regiões metropolitanas e aglomerações urbanas, de áreas de interesse turístico, ou inserido na área de influência de empreendimentos ou atividades com significativo impacto ambiental de âmbito regional ou nacional, com base no art. 41, II, IV e V do Estatuto da Cidade.

Os municípios que não se enquadrarem nos critérios anteriores, mas que pretendem utilizar os instrumentos jurídicos (parcelamento ou edificação compulsória, o imposto sobre a propriedade predial e territorial urbana progressivo no tempo, e a desapropriação para fins de reforma urbana) previstos no §4º, do art. 182 da Constituição Federal, também devem ter um Plano Diretor obrigatoriamente, por força do art. 41, III, do Estatuto da Cidade. Os Planos Diretores podem ser considerados uma política urbana em consonância com a legislação constitucional e infraconstitucional como principal meio de desenvolvimento e de expansão urbana.

c) Plano Diretor

Para a Constituição Federal de 1988 o plano diretor é instrumento básico da política de desenvolvimento e de expansão urbana. Trata-se de uma lei municipal aprovada por maioria qualificada dos vereadores. Seu conteúdo pretende ordenar os espaços habitáveis do município, visando a função social da cidade. No Brasil colonial as cidades não eram planejadas, a expansão urbana era totalmente espontânea. A preocupação com o planejamento urbano é um fenômeno surgido somente no fim do século XIX para resolver os primeiros problemas urbanos na formação de favelas. A intenção nessa época era a correção de problemas com a finalidade estética e higiênica, com a expulsão autoritária do centro das grandes cidades de pessoas de baixa renda. Os primeiros planos urbanísticos, como o Plano Agache no Rio de Janeiro, pretendiam planejar a cidade racionalmente, já que havia a necessidade de alocar o crescente desenvolvimento da classe operária da década de 1930. Somente com a Constituição Federal de 1988 o planejamento urbano das cidades se tornou juridicamente obrigatório para municípios com mais de 20.000 habitantes, municípios que integrem a região metropolitana; onde se pretende utilizar os instrumentos previstos no §4° do art. 182 da Constituição Federal; em cidades integrantes de áreas de especial interesse turístico; em cidades com empreendimentos ou atividades com significativo interesse ambiental de âmbito regional ou nacional; e, por último, em cidades incluídas no cadastro nacional de municípios com áreas suscetíveis à ocorrência de deslizamentos de grande impacto, inundações bruscas ou processos geológicos ou hidrológicos correlatos, conforme art. 41 do Estatuto da Cidade. A omissão do prefeito na elaboração do plano diretor se obrigatório pode ensejar ação por crime de responsabilidade.

Na cidade de Pelotas no ano de 1963 foi criado o Conselho do Plano Diretor cuja tarefa seria de elaborar o plano diretor com as soluções para os problemas urbanos locais. Já nessa época se zelava pela participação democrática no planejamento urbanístico com a inclusão de diversos representantes da sociedade civil. Entretanto, isso não significa que os interesses defendidos representavam exatamente o que a maioria do povo necessitava. O Primeiro Plano Diretor de Pelotas, Lei Municipal 1.672/1968, não tinha detalhamentos, continha apenas 36 artigos com diretrizes gerais sobre o desenvolvimento urbano, como sistema viário, zoneamento, restrições de edificações, regras para loteamentos.

O antigo plano já não atendia mais as necessidades urbanísticas da época, e então no ano de 1977 foi formada a equipe técnica de servidores, que culminou na aprovação do Segundo Plano Diretor de Pelotas, Lei Municipal 2.565/1980. Esse plano bem mais técnico detalha o planejamento urbano nos seus exatos 300 artigos. Nele são tratadas as diretrizes gerais; o controle e uso da ocupação do solo; edificações; infrações. O Segundo Plano Diretor procurou solucionar questões pendentes do anterior, com aspectos mais pragmáticos. Tentou-se criar ferramentas para utilizar os vazios urbanos para o crescimento da cidade, de forma a barrar a fragmentação urbana. Nota-se no Segundo Plano Diretor de Pelotas a preocupação pela preservação do patrimônio histórico, cultural e o meio ambiente natural.

A Constituição Federal de 1988, bem como a regulamentação do capítulo sobre a política urbana através do Estatuto da Cidade de 2001, habilitou os municípios a elaborar novos planos diretores mais modernos, com novos instrumentos para soluções dos problemas das cidades modernas. Após esses fatos o município de Pelotas começou a desenvolver o que seria o III Plano Diretor, através do trabalho da Coordenadoria de Planejamento e do Conselho do Plano Diretor. As diretrizes para o novo plano diretor foram aprovadas no Congresso da Cidade de 2002, coordenado pela então Secretaria Municipal de Urbanismo, onde foi apresentado um novo modelo territorial urbano. Então, após muitos debates e audiências públicas, o III Plano Diretor de Pelotas, Lei Municipal 5.502/2008, foi aprovado em julho de 2008.

2.1.3 Contradições entre o direito à cidade e os condomínios urbanísticos

No aspecto teórico a discussão sobre o direito à cidade foi iniciada por Lefebvre com a observação da reforma urbana em Paris do século XIX promovida pelo Barão Haussmann, na qual os trabalhadores foram expulsos para os subúrbios, sem a possibilidade de vivenciar os benefícios urbanos do centro da cidade. Esse remanejamento da cidade foi uma medida tomada como uma estratégia de classe em resposta às revoluções operárias de 1848. Lefebvre confirma que a estratégia de segregação socioespacial dos operários foi uma medida de frear os avanços democráticos nos aspectos urbanísticos da cidade (LEFEBVRE, 2001, p. 23). Buscou-se naquele momento neutralizar os conflitos urbanos inerentes do capitalismo desigual, através da segregação de classes.

Em Paris do século XIX foi comum a segregação dos operários em subúrbios, longe dos centros urbanos da cidade, para que a elite dominante pudesse realizar suas atividades comerciais. Desse período até os dias de hoje muito se evoluiu em termos de direitos humanos, não mais se admitindo o remanejo espacial compulsório de moradores. Portanto, a classe dominante procura também um modo de segregação socioespacial de grupos desiguais, uma maneira mais branda de anular aquilo que é característico da cidade: os espaços de convívio comum. O conceito de direito à cidade criado na antiga cidade de Paris está ligado à luta pelo fim da segregação socioespacial, justamente o problema global que se enfrenta no momento, com uma nova temática, a autossegregação de grupos sociais.

A Constituição Federal de 1988 previu como princípio o pleno desenvolvimento das funções sociais da cidade para garantir o bem-estar dos seus habitantes. Após, o texto constitucional alerta para o cumprimento da função social da propriedade privada quando atende às exigências fundamentais de ordenação da cidade expressas no plano diretor. Além do mais, o Estatuto da Cidade em seu primeiro artigo menciona que a lei estabelece normas de ordem pública e interesse social que regulam o uso da propriedade urbana em prol do bem coletivo, da segurança e do bem-estar do cidadão. Em suma, o sistema jurídico como um todo garante a efetividade da função social da cidade e da propriedade privada.

Assim, questiona-se o cumprimento da função social da cidade e da propriedade quando grandes comunidades fechadas são criadas, verdadeiras cidades privadas e deslocadas do restante da zona urbana. Questiona-se se a criação de bairros privados, com a possibilidade de implantação de lagos, áreas verdes, praias, vias públicas, estaria atendendo a função social da propriedade. A hipótese é que uma grande área destinada aos grandes condomínios urbanísticos não atende a função social da cidade e da propriedade privada, tendo em vista a segregação causada por parte da população privilegiada, privando-se os demais habitantes dos benefícios urbanos.

Os planos diretores costumam seguir os princípios de direito à cidade, contidos no Estatuto da Cidade, para garantir aos cidadãos o acesso aos bens urbanos e o planejamento urbano popular. Entretanto, visualiza-se cada vez mais o distanciamento desses princípios em legislações urbanísticas esparsas, com a permissão do fechamento de loteamentos públicos para a utilização exclusiva de bens urbanos dos moradores, com a aprovação de gigantescos condomínios fechados apartados da cidade, tudo isso com a chancela do poder público. Muitas vezes certos instrumentos dos planos diretores trazem limitações ao tamanho de empreendimentos fechados, o que desagrada a iniciativa privada. Os planos diretores acabam sendo flexibilizados por leis que criam novos tipos de parcelamento do solo, dando novos limites de áreas.

Dessa maneira, agentes que representam os interesses privados acabam por pressionar a desfiguração dos planos diretores, permitindo um novo planejamento privado, sem critérios técnicos. Evidencia-se mais uma contradição do capitalismo, de um lado o direito à cidade com planejamento urbano de acordo com os interesses coletivos e de outro os interesses privados da especulação imobiliária. Na verdade, o que se percebe são os antagonismos de classes onde de um lado grupos menos favorecidos buscam através da administração pública mais espaços públicos de uso comum e de outro os grupos mais privilegiados pressionam por mais espaços privados de uso exclusivo. Mesmo imperceptivelmente a classe dominante busca não conviver com a classe dominada, o que converge unicamente para uma situação de diminuição dos espaços públicos, consequentemente a diminuição do direito à cidade.

Um grande fator de diminuição dos espaços públicos de convivência certamente é o fechamento de loteamentos convencionais, bem como a presença crescente dos condomínios urbanísticos. Estes iniciam um movimento de fragmentação da cidade, na medida em que essa forma de produção dispersa do espaço modifica a urbanização, o sistema viário, a estrutura e a beleza das cidades de acordo com os interesses particulares, com a participação e legitimação do poder público. Como inadequadamente tem se entendido que esses "loteamentos fechados" têm natureza jurídica privada de condomínio, e não a natureza jurídica pública de loteamento, os municípios acabam erroneamente ignorando sua competência para intervenção nos projetos da própria cidade dentro dos interesses coletivos. A iniciativa privada cria verdadeiros bairros fechados, com arruamentos, quadras, escolas, lojas, áreas verdes internas e tudo mais que é característico dos loteamentos. Uma frágil legislação aliada aos imprecisos conceitos culmina tacitamente com o favorecimento aos incorporadores.

2.2 Distinções das formas de ocupação do solo

Faz-se necessário distinguir as diversas formas jurídicas de ocupação do solo para melhor compreensão do fenômeno das comunidades fechadas. As glebas de terras urbanas habitáveis podem ser ocupadas em unidades residências basicamente de duas formas: em lotes individuais resultado dos parcelamentos ou em frações ideais resultado de condomínios. O parcelamento do solo pode ser dividido juridicamente em loteamento e desmembramento, embora a prática tenha criado outras subdivisões. Já os condomínios podem ser divididos entre gerais e edilícios. Mais recentemente surgiu a figura do condomínio urbanístico, ainda desprovido de legislação federal. Essas modalidades serão mais bem definidas a seguir.

CAPÍTULO 2
LEGITIMIDADE SOCIAL E JURÍDICA DOS CONDOMÍNIOS URBANÍSTICOS E DO DIREITO À CIDADE | 81

2.2.1 Parcelamento do solo: loteamento e desmembramento

Há na doutrina diversas denominações de parcelamento do solo, mas em suma a Lei Federal 6.766/1979 traz apenas duas formas: loteamento e desmembramento. Os municípios também costumam criar novas formas de parcelamento em suas legislações locais. De fato, não importa o nome criado, no conceito de direito urbanístico tudo que não for loteamento será desmembramento. No parcelamento a gleba perde sua individualidade e gera novos lotes individuais voltados para o logradouro público.

Pela lei federal a infraestrutura básica para um parcelamento de solo para zonas habitacionais declaradas de interesse social consistirá no mínimo de vias de circulação, escoamento de águas pluviais, rede de abastecimento de água potável e soluções para esgotamento sanitário e energia elétrica domiciliar. De acordo com a legislação municipal de Pelotas, as áreas de especial interesse social devem conter acesso às pessoas com deficiência, atividades comerciais, lazer, convívio social, implantação de equipamentos diversos e de rede pública de infraestrutura. A infraestrutura nos demais parcelamentos, definidos pelo município, deverá prever no mínimo a pavimentação com asfalto, bloco de concreto ou pedra regular e colocação de meio-fio, arborização e ajardinamento, equipamentos para prática desportiva como quadra poliesportiva para prática de no mínimo três esportes, brinquedos, bancos, lixeiras.

A Lei Federal 6.766/1979 veda o parcelamento do solo em terrenos alagadiços, aterrados com material nocivo à saúde pública, terreno com declividade igual ou superior a 30%, terreno onde as condições geológicas não aconselham a edificação, em áreas de preservação ecológica. O III Plano Diretor de Pelotas amplia as vedações para os terrenos ocupados por reservas arborizadas, dunas fixadas por vegetação, e por último na área de especial interesse cultural Sítio Charqueador, exceto para destinação de áreas especiais de interesse social.

A Lei Federal de Parcelamento do Solo define como requisito a área mínima dos lotes em 125m² e frente mínima de 5m de largura. Também, deverá observar a reserva de áreas não edificáveis de 15m na faixa de domínio público, ao longo das águas correntes e dormentes, bem como a articulação com as vias existentes ou projetadas, e harmonizar-se com a topografia local. O parcelamento deverá sempre ser submetido ao registro imobiliário competente dentro de 180 dias, sob pena de caducidade da aprovação. A lei municipal estipulou outros limites de parcelamento em lotes mínimos de 1.000m² nas áreas industriais, 10.000m² em áreas ambientais, 360m² em áreas de transição industrial e voltadas para determinados sistemas viários e 125m² para os demais. Os lotes para as áreas especiais de interesse social obedecerão ao dimensionamento da variação entre 75m² no mínimo e 125m² do máximo, com testada mínima de 5m.

O III Plano Diretor de Pelotas criou exigências não mencionadas na lei federal, como acessibilidade às pessoas com deficiência, laudo de cobertura vegetal ou licenciamento ambiental para parcelamentos maiores que 5.000m². O quarteirão máximo admitido pela lei local terá área máxima de 10.000m² e dimensão máxima de 180m. Em todo parcelamento de gleba em lotes com vias públicas se fará reserva da área destinada a sistema de circulação, implantação de equipamentos comunitários e urbanos, bem como espaços livres de uso público, com mínimo de 5% da área para lazer ativo, 5% para implantação de áreas verdes arborizadas, 5% para arborização de passeios, 3% para uso institucional. Estas áreas passam a integrar o domínio do município, desde a data do registro do parcelamento no registro imobiliário competente.

Importante também frisar a ocorrência de crime na execução, no registro, na propaganda de parcelamento do solo sem autorização ou em desacordo com o órgão competente, conforme art. 50 e seguintes da Lei Federal 6.766/1979. O III Plano Diretor de Pelotas previu infrações administrativas, no âmbito de sua competência, para quem realizar parcelamento sem licença ou em desconformidade com a licença, não atender o cronograma do loteamento, abrir logradouro ou corredor de servidão sem licença ou em desconformidade com a licença ou alterar traçado de via pública. As multas são aplicadas em URM com valores que variam por hectare ou por lote, conforme a infração.

Por fim, o art. 186 do III Plano Diretor de Pelotas admite como forma de parcelamento do solo o loteamento, o desmembramento, o fracionamento, o fracionamento e anexação, a unificação, os conjuntos habitacionais, os condomínios urbanísticos e os condomínios urbanísticos com edificação integrada. Todavia, utilizam-se no presente texto as modalidades de parcelamento da Lei Federal 6.766/1979, quais sejam o desmembramento e o loteamento, uma vez que todos os demais tipos criados na doutrina e legislações municipais estão contidos nestes. Tecnicamente não é correto classificar os condomínios mencionados na lei local como parcelamento de solo, pois não há individualização dos lotes com a testada voltada para o logradouro público. Assim, estes serão classificados aqui como condomínios, embora com características de parcelamento do solo.

a) Desmembramento

A Lei Federal 6.766/1979 considera o desmembramento como a subdivisão de gleba em lotes destinados a edificação, com aproveitamento do sistema viário existente, desde que não implique na abertura de novas vias e logradouros públicos, nem no prolongamento, modificação ou ampliação dos já existentes. Aproveita-se o sistema viário, áreas verdes, áreas institucionais e toda infraestrutura urbana existente. O lote é definido como o terreno servido de infraestrutura básica cujas dimensões atendam aos índices urbanísticos.

Sempre que o lote é dividido pode ser denominado de desdobro ou fracionamento, portanto, não está errado se for chamado também de desmembramento. Essa modalidade não está prevista pela Lei Federal 6.766/1979, mas pode ser aceita pela doutrina se houver previsão na legislação municipal. O III Plano Diretor de Pelotas não previu a denominação desdobro como parcelamento do solo, mas sim fracionamento.

A diferença entre o desmembramento e o desdobro ou fracionamento é que o primeiro é a subdivisão de gleba em lotes, e do último a subdivisão do lote em outros lotes. O III Plano Diretor de Pelotas considera fracionamento como subdivisão de lote em duas parcelas com dimensões iguais ou superiores às mínimas, previstas nesta lei. Na prática é difícil distinguir as diferenças entre as modalidades sem observar a matrícula do imóvel, a fim de saber se o imóvel a ser parcelado já foi objeto ou não de anterior desmembramento. Se a resposta for sim, a modalidade seria desdobro, senão desmembramento, o que representa uma inutilidade prática, importando somente para doutrina. Para a administração pública importa saber quando da aprovação do parcelamento do solo, geralmente mais flexível para o desdobro ou fracionamento, visto que o lote já passou pela análise crítica do planejamento urbano local.

O III Plano Diretor de Pelotas prevê ainda o fracionamento e anexação, considerado o fracionamento do lote em parcela a ser imediatamente anexada a imóvel lindeiro, permanecendo ambos com áreas iguais ou superiores às mínimas. Ainda, há a figura da unificação, considerado aquele que importar na anexação de lotes, sem limite de unidades, que passam assim a constituir novo lote. As demais formas de parcelamento da lei municipal serão analisadas no item sobre os condomínios, pois não há individualização de imóveis.

b) Loteamento

Já o loteamento foi conceituado pela Lei Federal 6.766/1979, art. 2°, §1° como sendo "a subdivisão de gleba em lotes destinados a edificação, com abertura de novas vias de circulação, de logradouros públicos ou prolongamento, modificação ou ampliação das vias existentes". No loteamento necessariamente deve haver a reserva de parte da gleba como área de domínio público, no percentual mencionado, que soma o mínimo de 18% de toda área parcelada. Essas áreas somente serão recebidas pelo município se as obras corresponderem aos termos do projeto, após vistoria.

O proprietário prestará garantia da execução das obras em valor correspondente ao custo destas, quase sempre ocorrendo na modalidade de garantia hipotecária com lotes do próprio empreendimento ou imóveis em outros locais, mas também como caução em dinheiro, fiança bancária, seguro garantia, depósito ou caução de títulos da dívida pública. A garantia será firmada em Termo de Compromisso, com previsão de sanções pelo descumprimento. Este termo visa facilitar a fiscalização do órgão público municipal e garantir a infraestrutura planejada.

Outro termo comumente empregado é o arruamento, sem previsão na Lei de Parcelamento do Solo, mas considerado pela doutrina como uma modalidade do loteamento. Todo arruamento antes de tudo é um loteamento, mas nem todo loteamento gera arruamento. Consiste em "divisão do solo mediante a abertura de vias de circulação e a formação de quadras entre elas" (SILVA, 2015, p. 326). A simples abertura de vias sem a formação de quadras somente caracteriza o loteamento, mas não o arruamento. Em Pelotas pode ser citado o Arruamento Círculo Operário Pelotense, com aproximadamente dez quarteirões, localizado no polígono entre a Rua General Neto, Avenida Juscelino Kubitschek, Rua Almirante Barroso e uma linha entre a Rua General Argolo e Avenida Ferreira Viana.

b.1) Loteamentos fechados

O loteamento fechado juridicamente não foi contemplado pela Lei Federal 6.766/1979, não existe em nível federal. Por óbvio os loteamentos fechados são exatamente o contrário dos loteamentos convencionais

CAPÍTULO 2
LEGITIMIDADE SOCIAL E JURÍDICA DOS CONDOMÍNIOS URBANÍSTICOS E DO DIREITO À CIDADE | 85

abertos ao público. Em nível local alguns municípios preveem a possibilidade de fechamento em suas legislações, embora haja controvérsias, já que estaria em conflito com todo sistema jurídico do país. Após a aprovação do loteamento convencional há uma reserva de área ao poder público para as vias-de circulação, áreas verdes, áreas institucionais, são áreas públicas de uso comum da população. O que o ocorre no loteamento fechado é o fechamento das vias de circulação, geralmente com obstáculos ou cancelas, para que as pessoas comuns não ingressem nessas áreas públicas, apropriadas pelos particulares. Não há nenhuma dúvida sobre sua irregularidade, e a aprovação de lei local ou autorização administrativa não torna o fenômeno mais legal, pois segue em desconforme com o sistema jurídico.

O loteamento fechado somente teria algum condão de legalidade se houvesse previsão legal de já nascer fechado, de uso exclusivo dos seus moradores, mas para isso já existe recentemente a figura polêmica do condomínio urbanístico. O loteamento fechado é em verdade o loteamento tradicional com áreas públicas fechadas irregularmente para o uso dos seus residentes, enquanto o condomínio urbanístico sem áreas públicas se origina fechado de uso exclusivo, portanto formalmente legal, mesmo que urbanisticamente indesejáveis para o planejamento das cidades em razão de suas grandes áreas.

A legislação municipal de Pelotas não prevê nenhum dispositivo sobre a permissão de loteamentos fechados, mesmo assim há um emblemático caso. Trata-se do loteamento Marina Ilha Verde, destinado aos grupos de alto poder aquisitivo, com alguns lotes que podem chegar ao valor aproximado de R$ 1.000.000,00. Esse loteamento foi integralmente fechado através de uma portaria com cancela em sua única via de acesso, onde se realiza identificação dos cidadãos que pretendem trafegar pelo sistema viário público. O empreendimento foi loteado pela empresa Natura na década de 1980, com todos os lotes comercializados em conexão com o Arroio Pelotas através de marinas particulares para lanchas, barcos, iates.

Além da polêmica sobre o fechamento das vias de acesso aos loteamentos, há também controvérsia jurisprudencial com relação à cobrança de taxa de condomínio dos residentes nesses loteamentos. A Vigésima Câmara Cível do Tribunal de Justiça do Rio Grande do Sul entendia pela legalidade da cobrança pela associação dos proprietários do loteamento Marina Ilha Verde, fundamentando a decisão na necessidade de manutenção dos serviços de área comum. A decisão da Apelação 70041579251[9] não levou em consideração a natureza jurídica do loteamento, pois tratou como um condomínio de fato. O proprietário nesse caso foi compelido a participar de associação, mesmo contra sua vontade, o que é vedado pelo art. 5°, XX, da Constituição Federal. O acórdão menciona o art. 8° do estatuto da associação de moradores prevendo a inclusão automática decorrente da propriedade.

Em período posterior, a mesma câmara alterou o entendimento no julgamento da Apelação 70058995713,[10] pela ilegalidade da contribuição de taxa de manutenção dos serviços. A ementa revela que a contribuição não se pode confundir com taxa de condomínio, não há caráter compulsório. Também, argumenta-se que a associação foi criada depois da aquisição do lote pelo proprietário judicialmente cobrado. O STJ de igual forma pacificou o entendimento pela não equiparação de associação de moradores aos condomínios, "as taxas de manutenção criadas por associações de moradores não obrigam os não associados ou que a elas não anuíram" (REsp 1.280.871 – SP).

Ainda, pode-se citar o fechamento parcial de vias de acesso em Pelotas, na ligação da Rua Cidade de Braga com Rua Armando da Silva Marques, loteamentos Recanto de Portugal, com portão de acesso somente aos moradores da rua. Da mesma forma, no loteamento Chácara da Baronesa, na ligação da Rua Clovis Gularte Candiota com Avenida São Francisco de Paula, há fechamento de via por meio de tela metálica que impede a entrada de veículos. Neste mesmo loteamento havia outra tela metálica que impedia a circulação viária, na ligação da Rua José Leopoldo Schmitt com a Avenida Ferreira Viana, entretanto foi retirada com a implantação do Shopping Pelotas em frente ao local.

---

[9] (...) Assim como nos condomínios, o loteamento necessita de administração para manutenção dos serviços e áreas comuns do local. Desta forma, necessária a análise do caso, com a comprovação da prestação dos serviços e dos benefícios gerados aos moradores. Na espécie, deve ser mantida a sentença que julgou procedente a ação. (Apelação Cível 70041579251, Vigésima Câmara Cível, Tribunal de Justiça do RS, Relator: Walda Maria Melo Pierro, Julgado em 20/07/2011)

[10] (...) Tratando-se de associação de moradores de loteamento urbano, inexiste caráter compulsório ao não associado na contribuição por ela criada para manutenção dos serviços e áreas comuns, que não se confundem com contribuições condominiais. Precedentes do Superior Tribunal de Justiça. Caso dos autos em que a criação da associação se deu depois da aquisição do lote pelo apelante, e à qual ele não anuiu. Sentença reformada. (Apelação Cível 70058995713, Vigésima Câmara Cível, Tribunal de Justiça do RS, Relator: Alex Gonzalez Custodio, Julgado em 31/08/2016)

b.2) Loteamentos ilegais

Os loteamentos ilegais são aqueles que não observaram a legislação de parcelamento do solo, ainda que possua características do loteamento. Não pode ser considerada uma modalidade de loteamento, mas somente um desvirtuamento legal do planejamento urbano. No sentido amplo os loteamentos ilegais podem ser divididos em loteamentos clandestinos, que não foram aprovados pelo município, e os irregulares, que foram aprovados pelo município, mas não foram executados conforme a aprovação. Das duas modalidades a prática mais comum nas zonas urbanas são os loteamentos clandestinos. Muitas vezes o "loteador clandestino" não quer seguir as exigências de doação de parte da gleba ao domínio público, não quer seguir o procedimento administrativo, ou ainda muitas vezes nem é o proprietário do imóvel. Muito embora quase sempre envolva questões sociais, dificilmente os adquirentes desses "lotes" conseguirão regularizar sua situação.

Na cidade de Pelotas podem ser observadas as duas modalidades de loteamentos ilegais. Na região administrativa do Fragata existe um loteamento irregular em antigo local de extração de areia (Areal Princesa), onde seus moradores de baixa renda foram lesados ao adquirir lotes sem a mínima infraestrutura. Na região administrativa do Laranjal há o Loteamento Ana Estela, na orla da Laguna dos Patos, ao lago do Shopping Mar de Dentro, que pode ser considerado um loteamento irregular, visto que não houve o registro da aprovação dos lotes com matrículas individualizadas, sendo assim as unidades são transmitidas no registro imobiliário competente como frações ideais de uma propriedade em comum.

2.2.2 Condomínio: geral e edilício

O modelo atual de condomínio começou a surgir com a crise urbana da Primeira Guerra Mundial, em forma de cooperativa, muito embora a prática remonte a permissão de superposição habitacional dos plebeus romanos. As grandes construções verticais foram a saída para o desequilíbrio no mercado imobiliário no período de guerras. O Código Civil de 1916 deixou de tratar sobre o tema, mas o Decreto Federal 5.481/1928 tratou a parte técnica dos edifícios. Foi através da Lei Federal 4.591/1964 que houve a regulamentação definitiva do modelo de condomínio em edificações e incorporações imobiliárias. Apesar do universal termo condomínio remeter popularmente ao condomínio edilício, este faz parte do gênero de propriedade comum denominada pelo atual Código Civil como condomínio geral.

a) Condomínio geral

O condomínio geral está previsto no Código Civil entre os arts. 1.314 e 1.330, e ocorre quando duas ou mais pessoas são proprietárias simultaneamente de um mesmo bem. Geralmente o condomínio ocorre quando duas ou mais pessoas adquirem um bem em comum, ou ainda no falecimento do proprietário, deixando dois ou mais herdeiros. O Código Civil determinou que na proporção de sua parte o condômino é obrigado a concorrer para as despesas de conservação ou divisão da coisa, e a suportar os ônus a que estiver sujeito. Também, nenhum dos condôminos pode alterar a destinação da coisa comum, nem dar posse, uso ou gozo dela a estranhos, sem o consenso dos outros. Os condôminos possuem o direito de reivindicar a coisa de terceiros, alienar sua quota parte ou gravar com ônus real, e ainda a todo tempo exigir a divisão da coisa comum.

Cada um dos proprietários se torna condômino de uma fração ideal ou quota ideal, e passa a ser submetido às regras do Código Civil. A fração ideal pode ser conceituada pelo art. 193, II, do III Plano Diretor de Pelotas como: "índice da participação abstrata e indivisa de cada condômino no terreno do empreendimento e nas coisas comuns do condomínio urbanístico, expresso sob forma decimal, ordinária ou percentual". No condomínio é assegurada a cada condômino uma quota ideal abstrata e não uma parcela material como ocorre no parcelamento do solo.

Até agora se tratou do condomínio voluntário ou convencional, resultante do acordo de vontades dos consortes, inclusive com o estabelecimento de cota que caberá a cada coproprietário, no silêncio se presume sua igualdade. Entretanto, também há o condomínio necessário, em casos de meação de paredes, cercas, muros e valas. O condomínio necessário também é chamado de forçado, devido à obrigação do ordenamento jurídico que torna a coisa indivisível.

b) Condomínio edilício

O condomínio edilício é uma espécie do condomínio geral e se aplica somente aos bens imóveis, residenciais ou comerciais. Enquanto no condomínio geral existem dois ou mais coproprietários de um mesmo bem, móvel ou imóvel, no condomínio edilício, os imóveis possuem

CAPÍTULO 2
LEGITIMIDADE SOCIAL E JURÍDICA DOS CONDOMÍNIOS URBANÍSTICOS E DO DIREITO À CIDADE | 87

partes comuns e partes exclusivas. Por exemplo, em um condomínio de apartamento ou casas cada unidade possui propriedade exclusiva, e as demais áreas são áreas de uso comum de todos os condôminos. Se uma dessas unidades for locada, o condômino segue sendo o coproprietário e não o locatário.

A formação do condomínio edilício somente inicia com o ato de instituição, a formalização de vontade, por ato entre vivos ou testamento, registrado no registro de imóveis competente, com especificação das unidades exclusivas, frações ideais e destinação. A convenção do condomínio, documento formal escrito, com todos os direitos e deveres dos condôminos, subscrito pelos titulares de no mínimo dois terços das frações ideais. Assim ela já se torna obrigatória para os titulares de direito sobre as unidades, mas deve sempre ser registrada no registro de imóveis competente para ser oponível contra terceiros. A convenção de condomínio, como uma lei interna, conterá o modo e quota de pagamento dos condôminos, forma de administração, competência das assembleias, sanções e regimento interno. Para as regras mais minuciosas há o regimento interno, complementar à convenção.

A administração do condomínio é realizada por um síndico, não necessariamente condômino, pessoa física ou jurídica, escolhido em assembleia por prazo menor de dois anos. O síndico será sempre fiscalizado pelo conselho fiscal, uma vez que administra bens alheios. Além disso, suas atribuições são de representar os interesses comuns dos condôminos, inclusive judicialmente. Em geral o condomínio edilício não pode ser extinto, exceto desapropriação do poder público, se houver destruição da edificação total ou parcial, e por ameaça de ruída. Pertinente frisar também que condomínio fechado não é sinônimo de condomínio edilício, pois não há na legislação nenhuma obrigação no fechamento das delimitações do imóvel em condomínio edilício, portanto, pode ser aberto ou fechado.

O art. 1.331 do Código Civil estabelece que nos condomínios edilícios podem haver partes que são de propriedade exclusiva, e partes que são de propriedade comum dos condôminos. A alienação de cada unidade ou direitos pertinentes à sua aquisição independerá do consentimento dos condôminos, mas dependerá de prova de quitação das obrigações com o condomínio. As unidades exclusivas podem ser residenciais ou não residenciais, constituídas de apartamentos, casas, salas comerciais, garagens, etc. Para fins didáticos a melhor classificação divide os condomínios edilícios em verticais e horizontais, sendo que os verticais são edificados com apartamentos, e os horizontais com casas. Mais recentemente foram criados também os condomínios horizontais de lotes, ou condomínios urbanísticos, classificados como modalidade de condomínio edilício.

b.1) Condomínio vertical de apartamentos e horizontal de casas

A legislação de condomínios não distingue os condomínios em verticais e horizontais. Parte da doutrina relata o incorreto entendimento popular no uso do termo vertical para apartamentos e do uso horizontal para casas edificadas no mesmo plano, onde deveria ser exatamente o contrário. Nesse sentido o termo serviria para identificar o elemento que separa as unidades, paredes verticais em condomínios "verticais" de casas, e paredes horizontais em condomínios "horizontais" de apartamentos. Não existe muita pertinência na controvérsia, por isso se utilizam os termos populares condomínios verticais de apartamentos (edificações no plano vertical) e condomínios horizontais de casas (edificações no plano horizontal), até porque já está consolidado o uso da denominação condomínios horizontais de lotes, referindo-se aos condomínios de terrenos com futuras edificações no plano horizontal.

b.2) Condomínio horizontal de lotes ou condomínio urbanístico

A Lei dos Condomínios foi criada pensando nos condomínios em edificações, mesmo porque de seus 70 artigos apenas 1 prevê a possibilidade de condomínios em terreno sem edificações, o art. 8° da Lei 4.591/1964. Genericamente este artigo permite a criação de condomínio de lotes, com edificações a ser realizadas pelos adquirentes. Costuma-se combinar o art. 8° da Lei 4.591/1964 com o art. 3° do Decreto-lei 271/1967 para tentar suprir a ausência de uma legislação federal sobre o tema, ou mesmo leis municipais específicas sobre o tema, com a criação de um novo instituto jurídico, o condomínio horizontal de lotes ou condomínio urbanístico, diferente do condomínio edilício em edificações.

O art. 25 da Lei Estadual 10.116/1994 do Rio Grande do Sul estabeleceu o limite máximo de 30.000m² de área na instituição de condomínios por unidades autônomas, bem como testada para o logradouro público não superior a 200m. O art. 192, II, do III Plano Diretor de Pelotas, permite a implantação de condomínios urbanísticos, com área até 10.000m². Na prática os incorporadores preferem utilizar a possibilidade do loteamento fechado quando previsto nas legislações locais ou criar os condomínios horizontais de lotes, para não se submeter aos limites e às exigências das leis existentes nos municípios e estados. A tributação nesse tipo de empreendimento segue a lógica do restante dos demais condomínios, paga-se pela fração ideal e não pela área privativa. Significa que cada morador está tributado pela sua área privativa e também pela sua quota parte correspondente da área de uso comum, já que todas as benfeitorias internas são privadas e não públicas. Certamente os impostos nesses locais serão bem maiores, visto que será pago também pelo sistema viário, lagos, áreas verdes, clube. Cada condômino é proprietário de sua unidade autônoma, erroneamente denominada de lote, e de parte abstrata e indivisível das áreas de uso comum. Nos condomínios urbanísticos de Pelotas cuja área total de uso comum equivale à mesma área total de uso privativo, os condôminos pagam aproximadamente o dobro do que seria pago se caso esses condomínios fossem loteamentos.

Essa discussão levou ao absurdo do Projeto de Lei 4.816/2016 protocolado na Câmara Municipal de Pelotas, subscrito por 11 dos 21 vereadores da cidade. Esse PL dispõe sobre a redução do percentual de 50% do valor do IPTU em imóveis pertencentes aos condomínios horizontais de lotes, pois não teriam obtido contrapartida por parte do poder público, como obras de infraestrutura, saneamento, abastecimento de água, iluminação pública, arborização, coleta interna de lixo, etc. Por óbvio, não há obras e serviços públicos dentro de condomínios privados, o que desde já rechaça qualquer argumento nesse sentido. Com total lucidez a Prefeitura Municipal de Pelotas vetou integralmente o PL aprovado pela maioria de 11 votos, visto o vício de iniciativa em matéria tributária reservada à iniciativa privativa do chefe do executivo, a falta de requisitos formais como demonstrativo do efeito sobre as receitas e despesas obrigadas pela legislação orçamentária, a falta de interesse público na medida em que privilegia apenas os condomínios horizontais de lotes e exclui o restante da população e a renúncia de receita vedada pela legislação de responsabilidade fiscal.

2.2.3 Comparações entre condomínios urbanísticos nas cidades gaúchas

Na modalidade de condomínios urbanísticos ainda há diferenças entre as legislações dos diversos municípios gaúchos. Optou-se por analisar as diferenças entre as legislações municipais por semelhança, motivação, localização e período de criação. Compararam-se as primeiras e mais emblemáticas legislações do Rio Grande do Sul, Xangri-lá e Capão da Canoa, com seus grandes empreendimentos fechados em localizações privilegiadas. Na sequência as leis de Caxias do Sul, Gramado, Gravataí e Santa Cruz do Sul. Após, analisaram-se as leis locais da cidade de Pelotas e sua vizinha Rio Grande, com características semelhantes.

a) Capão da Canoa e Xangri-lá

A prática recorrente das cidades de Capão da Canoa e Xangri-lá era de aprovação de loteamentos com fulcro na Lei Federal 6.766/1979, com posterior autorização municipal para o fechamento com muros e cercas nos seus limites e cancelas nas vias de circulação. Para impedir essa apropriação evidente do espaço público o Ministério Público do Rio Grande do Sul firmou Termos de Compromisso com os municípios, a fim de transformar os loteamentos em condomínios urbanísticos, e com os empreendimentos para que os mesmos cumpram exigências. Na prática não se nota nenhuma diferença, as pessoas comuns do povo seguem privadas de usufruir a cidade como um todo. Talvez a única diferença seja no pagamento dos impostos municipais IPTU e ITBI, calculados com base na fração ideal (inclui as áreas de uso comum dos condomínios) da área do empreendimento e não somente pela área do terreno.

O município de Capão da Canoa editou a Lei Municipal 2.047/2004 e o município de Xangri-lá a Lei Complementar Municipal 12/2005, que objetiva disciplinar a implantação de condomínios horizontais de lotes e não mais o fechamento de loteamentos. Enfatiza-se novamente que o regime jurídico não importa muito para a prática, já que priva parcela da população dos benefícios da cidade. Ambas as leis municipais denominam os condomínios urbanísticos de condomínios horizontais de lotes, disciplinados pelo regime jurídico de direito privado, art. 1.331 e seguintes do Código Civil, e art. 8° da Lei Federal 4.591/1964.

A lei de Capão da Canoa, um pouco mais modesta por ser a primeira, possui apenas 7 artigos, onde somente cria o instituto condomínio horizontal em lotes e submete suas urbanizações e edificações ao plano diretor local. A lei de Xangri-lá conta com 33 artigos, com definições, zoneamentos, requisitos mínimos e procedimentos para aprovação de projeto. Essa lei, que serviu de base para a lei em Pelotas com o mesmo objeto, previu a transformação de "loteamentos fechados" em condomínios horizontais de lotes, assegurado a indenizar as áreas públicas, nos casos que couber, no percentual de 15% do valor atualizado da avaliação na aquisição da gleba, verificado na guia de ITBI.

b) Caxias do Sul, Gramado, Gravataí e Santa Cruz do Sul

A Lei Complementar Municipal 246/2005 de Caxias do Sul disciplina o uso e parcelamento do solo nas bacias de captação de água. Essa lei estabelece requisitos para a implantação de condomínios urbanísticos em bacias de captação e ainda prevê como ato legal o fechamento de loteamentos. Em Gramado a Lei Municipal 2.351/2005 dispõe também sobre o parcelamento do solo, com as seguintes modalidades: loteamento aberto ou fechado, desmembramentos e condomínios de lotes por unidades autônomas. A Lei Complementar Municipal 390/2008 do município de Santa Cruz do Sul dispõe sobre a instalação de condomínios urbanísticos e fechamento de loteamentos.

As legislações acima mencionadas possuem basicamente as mesmas características, caracterizam e autorizam a aprovação de condomínios urbanísticos sem grandes restrições, com as mais diversas denominações. Além disso, essas leis permitem a criação de loteamentos fechados. Enquanto isso a Lei Municipal 2.253/2004 da cidade de Gravataí estabelece normas e autoriza o município a conceder, a título precário, o uso de áreas públicas de loteamentos a serem implantados. Nota-se que a lei de Gravataí somente disciplina os loteamentos posteriores a publicação, ou seja, não se trata de fechamento de loteamentos já existentes, mas sim de um instituto jurídico anômalo, algo parecido com os condomínios urbanísticos que nascem fechados baseados na lei, exceto pelo fato de ser regido pela Lei de Parcelamento de Solo.

c) Pelotas e Rio Grande

A Lei Municipal 7.038/2011 que institui os condomínios horizontais de lotes no município de Rio Grande se assemelha muito à Lei Municipal 5.660/2009 do município de Pelotas, com o mesmo número de artigos, formatação de texto e somente algumas diferenças significativas. Enquanto a lei de Pelotas prevê a possibilidade de áreas comerciais no interior do condomínio no índice máximo de 1,5% do total da área do empreendimento, a lei de Rio Grande amplia o índice para 5%. Os lotes na cidade de Pelotas podem ter a área mínima de 240m², sendo 10m de testada e 24m de profundidade, e em Rio Grande 250m², sendo 10m de testada e 25m de profundidade. A grande e maior diferença está na limitação da área do empreendimento na lei de Pelotas, sem respectiva menção na lei de Rio Grande, que apenas limita o número de lotes, entre 50 e 500. Não há limite máximo para o tamanho dos lotes nem dos empreendimentos.

2.3 Instrumentos legais que legitimam os condomínios urbanísticos

Apesar de não haver uma legislação federal específica, que garanta possibilidade da edificação de condomínios urbanísticos no Brasil, uma combinação de leis, artigos, institutos jurídicos confirmam a sua legalidade. A repartição de competência urbanística possibilita a implantação de condomínios urbanísticos por norma de direito privado, em especial com base no art. 8° da Lei Federal 4.591/1964 (regulamenta condomínios de casas em forma de vila). Todavia, os municípios regulamentam as peculiaridades dos condomínios urbanísticos no seu território de acordo com os interesses locais.

2.3.1 Repartição de competência urbanística em ocupação do solo

As normas de direito urbanístico possuem a natureza jurídica de direito público, por isso suas leis são compulsórias. Para que sejam válidas as leis urbanísticas devem estar de acordo com a repartição de competência descrita pela Constituição Federal. O direito urbanístico, ramo do direito público, emerge como um dos principais ramos jurídicos da atualidade, a fim de resolver os problemas de décadas de omissão legal. As constituições passadas não determinavam precisamente as competências em matéria urbanística, muito embora a doutrina já apontasse para uma competência comum entre os entes. A partir da Constituição de 1988 as competências passaram a ser expressas de forma a dirimir quaisquer tipos de dúvidas que havia anteriormente.

O direito urbanístico estuda as legislações que ordenam o espaço urbano habitável. Esses atos administrativos devem ser praticados por autoridades investidas de poder, o que chamamos de competência. No direito urbanístico a competência deve aparecer sempre de maneira expressa e interpretada de maneira restritiva. O princípio federativo da Constituição Federal visa descentralizar o poder democraticamente sem prejuízo do equilíbrio entre os entes federados. As responsabilidades e obrigações entre os entes federados com base nas competências constitucionais se dividem em: privativas, quando uma matéria é estabelecida como própria de uma entidade; comum, quando todos os entes no mesmo nível de igualdade possuem poder de ação sobre a mesma matéria; concorrente, quando mais de um ente pode legislar sobre a mesma matéria; residual, compreende toda matéria não expressamente incluída por um ente; e, suplementar, com a formulação de normas que desdobrem o conteúdo de princípios ou de normas gerais sobre uma matéria (SAULE JÚNIOR, 1997, p. 78-79).

Nesse sentido, a Constituição Federal de 1988 confere competência para legislar concorrentemente sobre direito urbanístico à União, Estados e Distrito Federal, art. 24, I. No âmbito da legislação concorrente urbanística a União limitar-se-á a estabelecer normas gerais, como o Estatuto da Cidade e a Lei de Parcelamento do Solo Urbano. A União ainda possui competência privativa para elaborar e executar planos nacionais e regionais de ordenação do território e de desenvolvimento econômico e social, nos termos do art. 21, IX, da Constituição Federal.

Com base na competência concorrente os estados podem editar lei estadual de política urbana em caso de ausência de lei federal sobre o tema. Aos municípios resta promover, no que couber, adequado ordenamento territorial, mediante planejamento e controle do uso, do parcelamento e da ocupação do solo urbano, art. 30, VIII. Ainda, compete ao município a competência privativa de legislar sobre assuntos de interesse local, art. 30, I, e suplementar a legislação federal e estadual no que couber, art. 30, II. O município acaba por ser o principal ente federativo em matéria urbanística, responsável por promover a política urbana da cidade. O município passa a ser o responsável pela política de desenvolvimento urbano, com o objetivo de ordenar o pleno desenvolvimento das funções sociais da cidade e garantir o bem-estar aos seus habitantes, conforme art. 182 da Constituição Federal.

O direito urbanístico possui princípios de natureza pública com a imposição de ordem pública, em face da atividade privada. Isso quer dizer que se cria um conjunto de restrições urbanísticas em conformação à propriedade urbana, garantida pelo direito à propriedade, art. 5°, XXII. A intenção é de cumprir com o princípio da justa distribuição dos benefícios e ônus decorrentes da atividade urbanística. Isso ocorre com a Lei de Parcelamento do Solo Urbano, que impõe ao particular o ônus de destinação de porção territorial à instalação de equipamentos públicos (escolas, postos de saúde), criação de áreas verdes (praças), cessão de áreas para circulação (vias públicas). No passado essas áreas públicas deveriam ter um total mínimo de 35% da gleba, agora cada município regulamenta a sua maneira. O III Plano Diretor de Pelotas, art. 187, definiu como 18%, muito aquém do mínimo nacional do passado, na verdade quase a metade.

A Lei Federal 6.766/1979 regula em todo território nacional o parcelamento do uso do solo urbano, já que os parcelamentos de áreas rurais são regidos por regras do INCRA. São estabelecidas basicamente duas modalidades de parcelamento do solo urbano, o loteamento, como já mencionado, cujo conceito é: "a subdivisão de gleba em lotes destinados a edificação, com abertura de novas vias de circulação, de logradouros públicos ou prolongamento, modificação e ampliação das vias existentes" (Lei Federal 6.766/1979, art. 2°, §1°); e o desmembramento que se trata de: "subdivisão de gleba em lotes destinados a edificação, com aproveitamento do sistema viário existente, desde que não implique na abertura de novas vias e logradouros públicos, nem no prolongamento, modificação ou ampliação dos já existentes" (Lei Federal 6.766/1979, art. 2°, §2°).

Já os condomínios em edificações não são regidos por normas urbanísticas de direito público, e sim por regras civis do direito privado, em razão de não haver grandes intervenções no planejamento urbano das cidades. Os condomínios edilícios são regidos pela normal geral do capítulo sobre o "condomínio edilício" do Código Civil, mais bem detalhado pela Lei Federal 4.591/1964. Estes podem ser definidos como divisões de uma gleba em unidades autônomas destinadas à edificação, às quais correspondem às frações ideais das áreas de uso comum dos condôminos, admitida a abertura de vias de domínio privado e vedada a de logradouros públicos internamente ao seu perímetro.

As principais diferenças entre os condomínios e loteamentos são: no loteamento as vias, áreas verdes, áreas institucionais, passam a ser de domínio público utilizado por qualquer cidadão, enquanto no condomínio essas mesmas áreas são de uso exclusivo dos condôminos de acordo com a regra estabelecida na convenção; no loteamento cada lote tem acesso direto à via pública, enquanto no condomínio os lotes têm acesso ao sistema de ruas interno que por sua vez dá acesso à via pública; no loteamento a gleba perde sua individualidade para surgir vários lotes, como unidades autônomas, enquanto no condomínio a gleba segue existindo como um todo, integrada por lotes de utilização privativa e área de uso comum.

CAPÍTULO 2
LEGITIMIDADE SOCIAL E JURÍDICA DOS CONDOMÍNIOS URBANÍSTICOS E DO DIREITO À CIDADE | 97

Embora os condomínios urbanísticos possuam características de loteamento, são concebidos juridicamente como condomínios, matéria de direito civil, com base no art. 8º da Lei Federal 4.591/1964, geralmente regulamentados por legislações municipais. Lembra-se que este artigo da lei trata dos condomínios com edificações integradas realizadas pelo incorporador, e de nenhuma maneira trata de condomínio de lotes com a construção por conta do condômino. A competência para legislar em matéria urbanística é concorrente, contudo, compete privativamente à União legislar sobre direito civil. Sendo assim, especialmente os condomínios urbanísticos somente podem ser regulamentados pela União e não pelos municípios, por se tratar de matéria de direito civil. Embora alguns juristas entendam os condomínios urbanísticos como matéria urbanística e por isso atrairia a competência concorrente (BENÍCIO, 2016, p. 214). Contraria-se assim a tese da possibilidade de regulamentação municipal acerca dos condomínios urbanísticos com fulcro em competência concorrente em matéria urbanística.

2.3.2 Normas federais brasileiras sobre os condomínios urbanísticos

O art. 8º da lei de condomínio surge como possibilidade de aproveitamento de áreas reduzidas no interior de quarteirões que permitam construções de condomínios de casas em forma de vilas urbanísticas. Os condomínios horizontais previstos pela lei de condomínios possuem limitações quanto à área máxima da gleba que será implantado o empreendimento, o que desagrada setores da construção civil que anseiam por grandes investimentos e dos consumidores que pretendem viver em uma cidade privativa. Em Pelotas esse tipo de empreendimento denominado "vilas urbanísticas" ou condomínios urbanísticos de pequeno porte possuem uma limitação territorial de 3.000m², situados em quadras de ocupação consolidada e somente na modalidade "com edificação integrada", ou seja, não é permitida a comercialização de lotes de terrenos sem edificação de casa, tudo em conformidade com o art. 8º da Lei Federal 4.591/1964.

Por isso foi necessária a criação de uma forma de urbanização privada que pudesse extrapolar os limites legais. Assim surgiram os grandes condomínios urbanísticos no Brasil, seguido uma tendência mundial de viver isoladamente entre os indivíduos do mesmo grupo social. Para dar uma resposta à expectativa de grupos sociais consumidores desse produto, criou-se uma versão jurídica subvertida dos grandes condomínios urbanísticos, uma tentativa de unir dois tipos de normas inconciliáveis, de natureza distinta, de um lado o direito público urbanístico e de outro o direito civil privado. Os gigantes condomínios horizontais de lotes possuem todas as características de loteamento, exceto pela exclusividade do uso entre os condôminos, por isso pejorativamente chamado por alguns de "loteamentos fechados". Gera-se uma versão híbrida da Lei de Parcelamento do Solo com o art. 8° da Lei de Condomínio Edilício, com a criação de um novo tipo de ocupação do solo, ainda sem regulamentação federal.

> Temos tido "loteamentos fechados" até com mais de 1.000 casas de residência, com arruamentos e tudo mais que é próprio do processo de loteamento. As Prefeituras deverão negar autorização para esse tipo de aproveitamento do espaço urbano, exigindo que se processe na forma de plano de arruamento e loteamento ou de desmembramento, que não se admite sejam substituídos por forma condominial, como se vem fazendo. Vale dizer, os tais "loteamentos fechados" juridicamente não existem. Não há legislação que os ampare, constituem uma distorção e uma deformação de duas instituições jurídicas: do aproveitamento condominial de espaço e do loteamento ou do desmembramento. É mais uma técnica de especulação imobiliária, sem as limitações, as obrigações e os ônus que o direito urbanístico impõe aos arruadores e loteadores do solo. (SILVA, 2015, p. 347)

Diante da omissão legal tramita na Câmara dos Deputados Federais o PL 3.057/2000, que dispõe sobre o parcelamento do solo para fins urbanos. Trata-se de uma revisão da Lei de Parcelamento do Solo que visa a responsabilidade territorial do solo urbano. Saule Júnior defende um marco legal na limitação da área total do empreendimento em 50.000m² (SAULE JÚNIOR, 2008, p. 22). Entende-se também necessária uma limitação de nível nacional dos condomínios urbanísticos, já que é uma realidade consolidada, entretanto, data máxima vênia, defende-se uma limitação ainda maior com área total máxima de 10.000m² para um melhor aproveitamento dentro da área de um quarteirão, sem que comprometa a malha viária urbana da cidade e cause grandes impactos relacionados à segregação e apropriação de áreas.

No art. 4° do PL 3.057/2000 já está prevista a modalidade condomínio urbanístico como modalidade de parcelamento de solo. Tecnicamente o condomínio urbanístico não pode ser considerado um tipo de parcelamento de solo (loteamentos e desmembramentos), simplesmente por não haver subdivisão de gleba em lotes com individualidade objetiva e sim em frações ideais. Contudo, a comparação demonstra que essa nova modalidade se assemelha mais à figura do loteamento fechado do que a do condomínio. Esse PL revoga a atual Lei de Parcelamento do Solo e modifica uma série de leis federais ordinárias e decretos.

A proposição principal do PL no ano de 2000 já contava com mais de 20 projetos apensados e mais de 77 emendas no ano de 2007 quando foi reapresentado na nova legislatura, após seu arquivamento em 2006. O aspecto mais polêmico foi deixado de fora do texto principal, que seria a dimensão máxima admitida para os empreendimentos. Mais uma vez a norma geral deixará aos municípios a imposição de limites para esses condomínios. Sabe-se que quanto mais próximo dos cidadãos o ente federativo, mais fácil a intervenção no planejamento urbano, de acordo com os interesses privados do mercado imobiliário. Isso quer dizer que em última instância quem vai determinar a dimensão máxima dos empreendimentos serão as construtoras, sempre buscando a maior área possível para realizar a incorporação, uma vez que as cidades capitalistas são arquitetadas nos interesses privados.

2.3.3 Normas municipais sobre os condomínios urbanísticos em Pelotas/RS

Enquanto não há nenhuma limitação à instituição de condomínios urbanísticos no ordenamento jurídico cada município dentro de sua competência realiza a regulamentação. Em Pelotas, a Lei Municipal 5.502/2008 denominada como III Plano Diretor de Pelotas previu pela primeira vez a modalidade do condomínio urbanístico, conceituando como a divisão de imóvel, em unidades autônomas destinadas à edificação, às quais correspondem frações ideais das áreas de uso comum dos condôminos, sendo admitida a abertura de vias de circulação interna de domínio privado e vedada a de logradouros públicos, internamente ao perímetro do condomínio, com a conformação da gleba respeitando a malha viária. Previu ainda a modalidade condomínio urbanístico com edificação integrada, uma variante de condomínio em que a construção das edificações, previamente aprovadas nos termos da lei, é feita pelo empreendedor, concomitantemente à implantação das obras de urbanização.

O dispositivo mais polêmico do III Plano Diretor de Pelotas no que se refere aos condomínios urbanísticos certamente foi o art. 192, II, tendo em vista que limitou essa nova modalidade em áreas de até 10.000 m², ou 1ha. Esse limite técnico não foi definido por acaso, e sim porque a área máxima de um quarteirão é de 10.000m², de acordo com art. 185 do III Plano Diretor de Pelotas. A área de um quarteirão como limite aos condomínios urbanísticos é ideal para uma boa gestão urbanística que não interfere diretamente no planejamento urbano, não causa prejuízo ao acesso de vias públicas, não corta a malha viária, não impede o desenvolvimento urbano, não provoca autossegregação significativa em guetos, não causa apropriação significativa de área, não contraria os princípios de direito à cidade.

Após um ano da aprovação do III Plano Diretor de Pelotas, e ainda na inércia de uma norma geral que limite aspectos dos condomínios urbanísticos, foi aprovada a Lei Municipal 5.660/2009 no município de Pelotas, denominada Lei de Condomínio Horizontal de Lotes. Sendo a natureza civil do condomínio, refuta-se desde já a legitimidade do município em legislar sobre o tema, em razão da competência privativa da União em legislar sobre direito civil, conforme art. 22, I, da Constituição Federal. Não se trata de uma norma urbanística pública de competência concorrente entre os entes federados e sim uma norma condominial privada.

Essa nova Lei Municipal 5.660/2009, no art. 3°, conceitua o condomínio urbanístico, com uma nova denominação "condomínio horizontal de lotes", como sendo modelo de parcelamento do solo formando área fechada por muros com acesso único controlado, em que a cada unidade autônoma cabe, como parte inseparável, uma fração ideal de terreno correspondente às áreas comuns destinadas a vias de acesso e recreação. Nota-se que a redação da Lei Municipal 5.660/2009 destoa do texto do III Plano Diretor de Pelotas, modificando a denominação e incluindo o fechamento como essencial ao modelo. Inclusive o art. 5° da lei permite o cercamento dos empreendimentos com muros em altura até 3m de altura, com enorme abalo visual assumido pela própria lei, onde já prevê medidas de redução de impacto visual com a possibilidade de utilização de unidades arbóreas na via principal.

O art. 4°, XI, da Lei de Condomínio Horizontal de Lotes, talvez o mais polêmico por instituir a dimensão máxima dos empreendimentos, acabou por revogar tacitamente o art. 192, II, do III Plano Diretor de Pelotas. De acordo com o dispositivo revogador: "área total do empreendimento não poderá ser menor que 100.000m² e maior que 350.000m², podendo ser modulado para melhor permeabilidade urbana a critério da Administração Municipal". Sendo assim, todos os condomínios urbanísticos aprovados com base nessa lei terão áreas totais entre 10ha e 35ha.

Essa Lei de Condomínio Horizontal de Lotes foi claramente uma adaptação da Lei Complementar 12/2005 do município de Xangri-lá. No próprio título do arquivo no *site* da Prefeitura de Pelotas que hospeda o texto da Lei de Condomínio Horizontal de Lotes de Pelotas, certamente por desatenção, observa-se o preâmbulo da lei de Xangri-lá com o seguinte texto: "CELSO BASSANI BARBOSA, Prefeito Municipal de Xangri-Lá, FAZ...".[11] Em Xangri-lá a lei aprovada foi complementar, formalmente correta. Diferentemente, em Pelotas, aprovou-se uma lei ordinária comum, onde deveria ser complementar, uma vez que a Lei Orgânica Municipal de Pelotas, em seu art. 2°, estabelece a obrigatoriedade da Lei do Plano Diretor através de legislação complementar.

Além disso, o art. 5° do III Plano Diretor de Pelotas determina que as matérias disciplinadas por essa lei poderão ser objeto de alteração mediante lei complementar, obedecendo a hierarquia legal. Uma simples consulta da tramitação da lei no *site* da câmara municipal[12] confirma o tipo de lei como sendo lei ordinária, aprovada por maioria simples e não por maioria qualificada. Portanto, o art. 4°, XI, da Lei Municipal 5.660/2009, que aumenta a área total dos empreendimentos na modalidade condomínio urbanístico, pode ser considerado formalmente irregular, sem efeito.

Ademais, em Xangri-lá, litoral norte do Rio Grande do Sul, a citada lei complementar do ano de 2005 antecedeu o empreendimento denominado Bosques de Atlântida, com área de 391.000m², 201 unidades, lançado no ano de 2006 pela empresa Idealiza Urbanismo. Essa mesma empresa lançou em Pelotas o primeiro empreendimento em condomínio urbanístico, no ano de 2010, alguns meses após a aprovação da Lei de Condomínio Horizontal de Lotes de Pelotas. Inusitadamente os dois primeiros condomínios urbanísticos no município de Pelotas possuem a área exata de 350.000m², a mesma área máxima permitida pela lei municipal de 2009.

---

[11] Prefeitura Municipal de Pelotas. Disponível em: http://www.pelotas.rs.gov.br/interesse_legislacao/leis/2009/lei_5660.pdf. Acesso em: 31 jul. 2017.

[12] Câmara Municipal de Pelotas. Disponível em: https://sapl.pelotas.rs.leg.br/norma/325. Acesso em: 2 maio 2022.

O Projeto de Lei que culminou na aprovação da Lei de Condomínio Horizontal de Lotes de Pelotas chegou até a casa legislativa através da Mensagem 25/2009 com origem no executivo municipal. A discussão sobre a instituição dos condomínios urbanísticos foi remetida primeiramente do legislativo ao CONPLAD, que funciona como órgão máximo em planejamento urbano. Em primeira reunião, Ata 14/2009, o projeto de lei pré-formatado causou estranheza entre os membros do conselho, tendo em vista que a matéria já havia sido amplamente debatida, inclusive com audiências públicas, quando da aprovação do III Plano Diretor de Pelotas. Em segunda reunião, Ata 15/2009, o CONPLAD rechaçou a proposta por consenso com parecer contrário ao projeto de lei. O principal argumento contrário foi a ampliação da figura do condomínio urbanístico com reserva de área ao município muito menor, além da baixa densidade da modalidade de parcelamento e de seu caráter elitista.

Em uma terceira reunião, Ata 16/2009, o então coordenador do conselho deu início de novo à discussão para novamente analisar o mérito do projeto de lei dos condomínios urbanísticos, com a presença do empreendedor sócio da empresa que implantou os primeiros condomínios urbanísticos em Pelotas. Na quarta e definitiva reunião sobre o tema, Ata 17/2009, a composição do conselho formada na grande maioria por membros da iniciativa privada deliberou com votação empatada, aprovada com o voto de minerva do coordenador do conselho. Depois de encaminhada a deliberação à Câmara de Vereadores de Pelotas, com parecer favorável do órgão técnico do planejamento urbano, a mesma realizou duas sessões públicas em 14/12/2009 e 30/12/2009 para avaliação da polêmica proposta (PEREIRA, 2013, p. 36), que culminou na aprovação da Lei Municipal 5.660/2009.

CAPÍTULO 3

MAPEAMENTO DOS CONDOMÍNIOS HORIZONTAIS DE LOTES NA CIDADE DE PELOTAS/RS

De acordo com o já exposto, nota-se que as políticas urbanas mencionadas no art. 182 da Constituição Federal foram regulamentadas pelo Estatuto da Cidade. Por sua vez, no plano local os municípios também acabam seguindo as diretrizes de direito à cidade, cujo objetivo é ordenar as funções sociais da cidade com política de desenvolvimento e de expansão urbana. O III Plano Diretor amplamente debatido com a sociedade civil, universidades, técnicos da área do urbanismo seguiu à risca os princípios de direito à cidade no município de Pelotas. No entanto, posteriores modificações foram aprovadas sem o rigor necessário, como exemplo a lei que cria os condomínios horizontais de lotes de até 350.000m², um instituto que substitui o condomínio urbanístico de 100.000m² previsto no III Plano Diretor de Pelotas.

Os condomínios horizontais de lotes implantados na cidade de Pelotas, com fulcro na Lei Municipal 5.660/2009, obedecem a um mesmo padrão. Em geral estão localizados em vazios urbanos de grande valorização imobiliária, nas zonas administrativas do São Gonçalo e do Laranjal, e possuem destinação para famílias que pertencem aos grupos sociais com maior poder aquisitivo. Além do mais, trata-se de empreendimentos com previsão de baixa densidade populacional, unicamente residencial, com metade de toda sua área destinada ao uso comum privado, em especial para as vias de circulação, áreas verdes, clube. Tudo isso com a mais ampla segurança garantida pelos muros de proteção e portaria que impede a entrada dos cidadãos não condôminos.

3.1 Peculiaridades urbanas no entorno dos empreendimentos locais

Após a aprovação da lei que permite a implantação de condomínios urbanísticos de grande porte, alguns se instalaram na cidade de Pelotas, mas especificamente na região leste da cidade. Procura-se nesse início do capítulo conhecer melhor a zona urbana local antes da investigação sobre os condomínios urbanísticos, para uma melhor compreensão do fenômeno, principalmente as regiões administrativas envolvidas, quais sejam, São Gonçalo e Laranjal, zonas próximas de recursos naturais valorizados, por isso zonas historicamente privilegiadas para a habitação.

A cidade de Pelotas se situa na região sul do estado do Rio Grande do Sul, confronta-se ao norte com Turuçu e São Lourenço do Sul; ao sul com Rio Grande e Capão do Leão; ao leste com a Laguna dos Patos; e ao oeste com Canguçu e Morro Redondo. A zona urbana se localiza entre a margem norte do Canal São Gonçalo, que divide Pelotas de Rio Grande, e a Laguna dos Patos, com perímetro urbano descrito na Lei Municipal 5.963/2012. O município possui atualmente nove distritos: 1º Sede (zona urbana); 2º Z3; 3º Cerrito Alegre; 4º Triunfo; 5º Cascata; 6º Santa Silvana; 7º Quilombo; 8º Rincão da Cruz; 9º Monte Bonito. No interior de seu território ainda há outro município, Arroio do Padre emancipado em 1997, em uma espécie de "ilha", já que todas as delimitações fazem fronteira com Pelotas/RS.

Segundo os dados do IBGE de 2016 a cidade de Pelotas possui uma população residente estimada em 343.651 pessoas. O último Censo Demográfico de 2010 apontava 328.275 habitantes, com 22.082 da população na zona rural (6,73%) e 306.193 na zona urbana (93,27%). Da população residente 263.443 pessoas (80,3%) são da cor/raça branca, 35.049 (10,7%) preta, 28.245 (8,6%) parda, o restante amarelo ou indígena. Desse total de pessoas 53% são mulheres e 47%, homens. Ainda, o município possui uma área territorial de 1.610,084km², com densidade demográfica de 213,43hab/km², conforme os dados do IBGE com população estimada em 2016. A área urbana no município mede 192.655.915,968m², 192,656km² ou 19.265,59ha, de acordo com o mapa U-02 do III Plano Diretor de Pelotas. Os habitantes da zona urbana de Pelotas vivem em uma área equivalente a um pouco menos de 1/8 da área total do município. A baixa densidade demográfica do município de Pelotas, se comparada com Porto Alegre, por exemplo, com

2.837,53hab/km², 13 vezes maior, pode ser explicada em razão da maior parte do território estar situada em zona rural, além da existência de grandes vazios urbanos sem população na zona urbana.

3.1.1 Regiões administrativas da zona urbana de Pelotas

O art. 47 do III Plano Diretor de Pelotas dividiu a zona urbana em sete regiões administrativas qualificadas de macrorregiões, popularmente chamadas de "bairros", quais sejam: Centro, Fragata, Barragem, Três Vendas, Areal, Laranjal e São Gonçalo. Além disso, dividiu em 29 mesorregiões ou regiões de planejamento. Há também 109 microrregiões ou sistemas de informações. A lei conferiu corredores, bem como área rururbana no perímetro urbano, ou seja, conforme art. 265 do III Plano Diretor de Pelotas, áreas destinadas às atividades de caráter agrosilvopastoril de baixo e médio grau de impacto em mínimo e pequeno porte, além das atividades de extração de areia e argila. Pode-se observar melhor o sistema de territórios urbanos com as regiões administrativas através do mosaico de ortofotos com base no mapa U-02, anexo do III Plano Diretor de Pelotas, conforme figura a seguir.

Figura 5 – Regiões administrativas da zona urbana de Pelotas

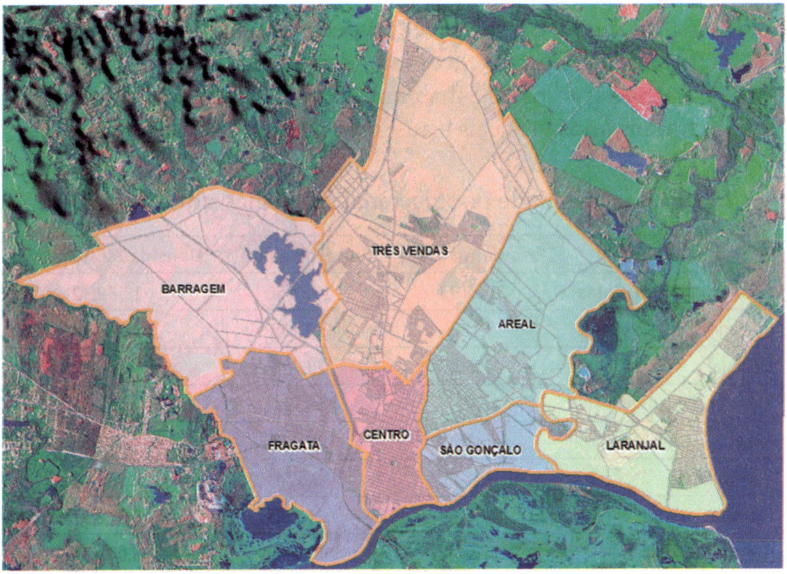

Fonte: Prefeitura Municipal de Pelotas, 2015.

O último Censo Demográfico do IBGE de 2010, com base na tabela 1378 sobre a população residente na zona urbana de Pelotas, dividiu a população entre as unidades territoriais. Dos 306.193 habitantes da zona urbana de Pelotas, a Barragem, na zona noroeste da cidade, possui a menor população, com 3.186 habitantes, mesmo com uma das maiores áreas territoriais. Já o Fragata, na zona sudoeste, pode ser considerado a região mais populosa com 73.632 habitantes. O Centro de Pelotas possui 58.964 residentes, enquanto o Areal, na zona nordeste, 56.369 e as Três Vendas 72.927, na zona norte da cidade. O Laranjal situado na zona leste possui 12.507 habitantes, e o São Gonçalo, também na zona leste, 28.608.

A Barragem possui a menor densidade populacional da zona urbana da cidade de Pelotas, com 81,38hab/km², tendo em vista que o local abriga um grande vazio urbano, a barragem e o distrito industrial. A segunda menor densidade ocorre no Laranjal com 527,18hab/km², cujos motivos são a existência de grandes vazios urbanos, mas também grandes áreas com restrições de edificações em APP, loteamentos não executados como o Villa Assumpção II e parte do Pontal da Barra. A região das Três Vendas aparece com a terceira menor densidade com 1.322,91hab/km², pelo fato de existirem grandes extensões de terras destinadas à atividade rural, número aproximado à média da zona urbana da cidade. Acima da média da zona urbana de Pelotas a região do Areal conta com 1.915,55hab/km². Já o São Gonçalo e o Fragata possuem uma média considerável, respectivamente 2.988,09hab/km² e 3.372,97hab/km². O Centro tem a maior densidade entre todas as regiões administrativas com 5.020,34hab/km², considerando a alta aglomeração de condomínios verticais e ausência de grandes vazios urbanos.

Tabela 3 – Densidade populacional por região administrativa

Local	População (hab)	Superfície (km²)	Densidade (hab/km²)
Área urbana de Pelotas	306.193	192,656	1.589,32
Barragem	3.186	39,148	81,38
Laranjal	12.507	23,724	527,18
Três Vendas	72.927	55,126	1.322,91
Areal	56.369	29,427	1.915,55
São Gonçalo	28.608	9,574	2.988,09
Fragata	73.632	21,830	3.372,97
Centro	58.964	11,745	5.020,34

Fonte: Tabela elaborada pelo autor, com base no mapa U-02 do III Plano Diretor de Pelotas e no Censo Demográfico de 2010 do IBGE.

As regiões administrativas de Pelotas que até então receberam os empreendimentos na modalidade condomínios urbanísticos foram o São Gonçalo e o Laranjal, ambos na zona leste. Por isso essas são as regiões da zona urbana da cidade que interessam mais este estudo e que serão analisadas individualmente. Essas duas regiões tiveram uma das maiores intervenções públicas nos últimos anos, como a duplicação e requalificação da Avenida Ferreira Viana que liga o centro à região do São Gonçalo, e da Avenida Adolfo Fetter que liga a região do São Gonçalo à do Laranjal, permitindo uma grande valorização imobiliária. Além disso, esses locais possuem os maiores vazios urbanos subutilizados em zonas nobres, próximos do Canal São Gonçalo, Arroio Pelotas e Laguna dos Patos, ambiente perfeito para especulação imobiliária.

Figura 6 – Regiões administrativas do São Gonçalo e do Laranjal

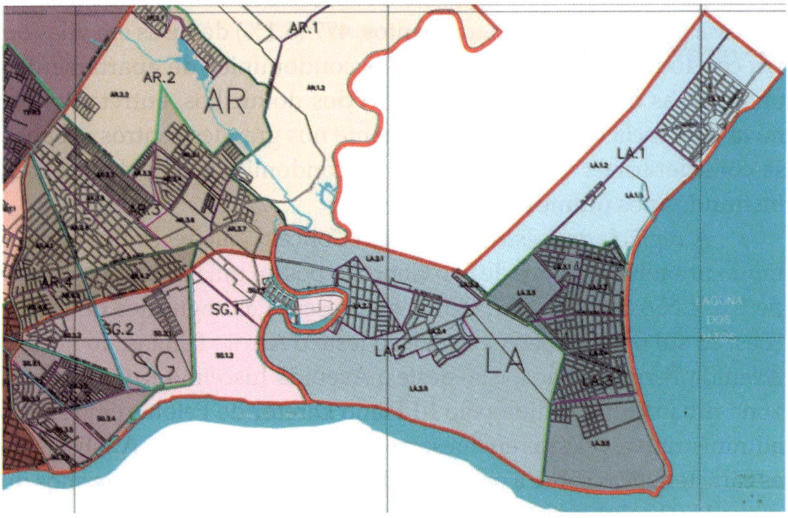

Fonte: Mapa U-02 do III Plano Diretor de Pelotas.

O mapa U-02 do III Plano Diretor de Pelotas, com ênfase nas regiões administrativas do São Gonçalo e do Laranjal, demonstra muito bem os locais a seguir descritos. O mapa mostra as regiões administrativas circunscritas por traçados de cor vermelha, as mesorregiões circunscritas por traçados de cor verde, e por último, as microrregiões circunscritas por traçados de cor roxa. As diferentes cores de fundo elucidam as diferentes mesorregiões, exceto o branco considerada área fora do perímetro urbano de Pelotas, embora todos os condomínios urbanísticos do Laranjal possuam mais da metade de seu território em área rural. Os vazios urbanos podem ser observados nos espaços sem a presença de quadras e arruamentos, por isso, locais em potencial para a especulação imobiliária e a implantação de condomínios urbanísticos ou loteamentos.

3.1.2 Região administrativa do São Gonçalo

Segundo os dados do último Censo Demográfico do IBGE do ano de 2010, das 28.608 pessoas residentes 19.417 (67,9%) são da cor/raça branca, 5.358 (18,7%) preta, 3.706 (13%) parda, e o restante amarela ou indígena. Já no setor censitário onde está localizado o empreendimento Lagos de São Gonçalo 84,5% das pessoas são da cor/branca, 8,3% preta, 6,8% parda e 0,4% amarela. Dos 9.439 domicílios, 7.384 (78,2%) são casas, 1.578 (16,7%) apartamentos, 477 (5,1%) de casas em vilas ou em condomínios. Observa-se que os condomínios de apartamentos ou de casas não representam nem ¼ dos domicílios, entretanto, é a nova tendência que cresce rapidamente nos grandes centros urbanos se considerarmos que quase todos os condomínios da cidade foram instituídos nos últimos 50 anos.

A região administrativa do São Gonçalo, que recebeu o condomínio urbanístico Lagos de São Gonçalo, possui uma área aproximada de 9.574.656,66m² ou 957,465ha, e apresenta as seguintes delimitações: ao sul o Canal São Gonçalo, ao leste o Arroio Pelotas, ao norte a Avenida Ferreira Viana, e ao oeste a Avenida Juscelino Kubitschek. A zona urbana foi dividida pelo III Plano Diretor de Pelotas em regiões administrativas, e essas em mesorregiões e microrregiões. Analisam-se as características sobre a ocupação do solo de cada uma, nos termos do mapa U-02 sobre o sistema de territórios.

A área leste da região do São Gonçalo, mesorregião SG 1, compreende o polígono entre a Estrada do Engenho, a Avenida Ferreira Viana, o Arroio Pelotas e o Canal Gonçalo. Na microrregião SG 1.1, denominada Marina, encontra-se o loteamento Marina Ilha Verde, com os lotes entre os de maior da cidade, o loteamento Sitio Ipanema, não executado, além de grandes vazios urbanos subutilizados pela especulação imobiliária. Na microrregião SG 1.2, denominada Vazio Urbano X, situam-se grandes vazios urbanos, além de alguns grandes terrenos e moradias, com grande valor imobiliário, voltados para o Canal São Gonçalo.

A área central dessa região, mesorregião SG 2, pode ser compreendida no polígono entre a Avenida Ferreira Viana, a Estrada do Engenho e a Avenida Bento Gonçalves. Essa zona possui uma excelente valorização imobiliária, tendo em vista o investimento realizado em infraestrutura nos últimos anos. Na microrregião SG 2.1, denominada Umuharama, fazem parte os loteamentos Umuharama e o Novo Umuharama, os condomínios Piazza Toscana, Princesa do Sul, Serenna Residence, o condomínio urbanístico Lagos de São Gonçalo. Na microrregião SG 2.2, denominada Cruzeiro, fazem parte o loteamento Bairro Cruzeiro do Sul e Cruzeiro do Sul II, o loteamento Parque Una Pelotas ainda em fase de execução, o Shopping Pelotas, o complexo do judiciário.

Na área oeste desta região, mesorregião SG 3, compreendida no polígono entre a Avenida Juscelino Kubitschek, Avenida Cidade de Rio Grande, Estrada do Engenho, Canal São Gonçalo, embora na divisa com a região central, situa-se sua área menos valorizada em função das ocupações, regularizações fundiárias, e moradias de baixo padrão em geral. Na microrregião SG 3.1, denominada Village, fazem parte os condomínios Village Center I, II e IV, além dos loteamentos Querência e Dona Dulce. Na microrregião SG 3.2, denominada Navegantes, fazem parte o Navegantes I e II. Na microrregião SG 3.3, denominada Fátima, faz parte somente o loteamento Nossa Senhora de Fátima. Na microrregião SG 3.4, denominada Parque Urbano III, encontram-se ocupações irregulares e grandes vazios urbanos. Na microrregião SG 3.5, denominada Ambrósio Perret, encontra-se o loteamento com o mesmo nome, além de um grande vazio urbano. Na microrregião SG 3.6, denominada Balsa, se localiza a ocupação Balsa e também o Campus Anglo da Universidade Federal de Pelotas.

A área ocupada pelo condomínio urbanístico Lagos de São Gonçalo, na microrregião SG 2.1, está classificada como Área de Especial Interesse Ambiental Natural pelo art. 51 do III Plano Diretor de Pelotas, mapa U-08, entendida como área com atributos especiais de valor ambiental, nas quais o poder público poderá estabelecer normas específicas de utilização para garantir sua preservação e conservação. Essa área do condomínio urbanístico Lagos de São Gonçalo está muito próxima de Áreas de Preservação Permanente Ocupada, com processo de uso e ocupação consolidados no entorno do Canal São Gonçalo. Dois tipos de grupos sociais residem nessas Áreas de Preservação

Permanente Ocupada, próximas do condomínio urbanístico Lagos de São Gonçalo: pelo Passo dos Negros grupos sociais privilegiados são proprietários formais de grandes sítios de lazer com cerca de 30x180m, cujo fundo remete ao Canal São Gonçalo; e informalmente posseiros em precárias condições de habitação também ocupam as margens do canal e seu entorno, pela Estrada do Engenho.

Essa valiosa área estrategicamente localizada no encontro do Canal São Gonçalo com o Arroio Pelotas faz parte do surgimento histórico da cidade de Pelotas. A história deste local está marcada pela existência de várias charqueadas, pelo contrabando de gado e de escravos que motivou a cobrança de impostos pela Coroa, conhecido como Passo Neves. Após, o local mudou de nome para Passo Rico, tendo em vista o rendimento proveniente do fisco. Com a grande demanda por mão de obra nas charqueadas, o local passou a fazer parte da rota de entrada dos escravos que desembarcavam dos navios negreiros no Porto de Rio Grande, passando a ter o nome de Passo dos Negros (MAGALHÃES, 1999, p. 21).

Quanto ao sistema viário, o condomínio Lagos de São Gonçalo está situado a poucos metros da via arterial (aquela que propicia deslocamentos urbanos de maior distância e permite fluidez) denominada Avenida São Francisco de Paula, conforme mapa U-13 do III Plano Diretor de Pelotas. Essa região recebeu recentemente o Shopping Pelotas e o complexo do judiciário, caracterizados por intensa movimentação de pedestres e veículos. Ademais, atrás do shopping, ainda em fase de execução, o loteamento Parque Una Pelotas promete promover uma nova centralidade.

O regime urbanístico que regulamenta o uso e a ocupação do solo estabelece várias restrições, como a altura máxima permitida das edificações, também chamado de gabarito, das configurações e tamanho dos lotes, dos recuos e taxa de ocupação. Em toda a cidade se aplicam os mesmos índices: recuo de ajardinamento de 4m; recuo secundário de ajardinamento 2,5m; taxa de ocupação máxima de 70%, isto é, percentual máximo da edificação em um dado terreno. Além disso, regra geral em todo perímetro urbano será permitida edificação de até 10m de altura, salvo exceções mencionadas pelo III Plano Diretor de Pelotas em locais que permitem até 25m de altura dependendo do tamanho da testada do imóvel. A maior parte da área da região administrativa do São Gonçalo, inclusive o empreendimento Lagos de São Gonçalo, encontra-se respaldada pela regra geral dos 10m de altura.

De acordo com o Mapa Urbano Básico de Pelotas, versão 151, todos os condomínios residenciais da região administrativa do São Gonçalo aprovados formalmente pela SGCMU somam uma área total aproximada de 680.185,00m². Dessa área total o único condomínio urbanístico nessa região possui uma área total de 350.000,00m², e o restante dos condomínios tradicionais uma área de 330.185,00m². Sendo assim, na região administrativa do São Gonçalo 51,46% da área total dos condomínios são destinados ao único condomínio urbanístico Lagos de São Gonçalo. Os demais, em número de 16 condomínios tradicionais representam 48,54% da área total da região.

Contudo, o Estatuto da Cidade, regulamentado pelos art. 130 e seguintes do III Plano Diretor de Pelotas, permite edificações em alturas superiores aos parâmetros definidos em lei mediante a aplicação da Outorga Onerosa e Transferência do Direito de Construir. Na região administrativa do São Gonçalo recentemente foi utilizado o instituto da Transferência do Potencial Construtivo, na qual transferiu o potencial construtivo de parte de uma grande gleba de mais de 250ha localizada no entroncamento do Arroio Pelotas com o Canal São Gonçalo, com atributos ambientais relevantes e restrição de uso, para utilização do empreendimento denominado loteamento Parque Una Pelotas, da empresa Idealiza Urbanismo, a mesma responsável pelos primeiros condomínios urbanísticos em Pelotas.

3.1.3 Região administrativa do Laranjal

Segundo os dados do último Censo Demográfico do IBGE do ano de 2010, das 12.507 pessoas residentes 11.013 (88,1%) são da cor/raça branca, 639 (5,1%) preta, 810 (6,5%) parda, e o restante amarela ou indígena. Já no setor censitário onde estão localizados os condomínios urbanísticos 96,4% das pessoas são da cor/branca, 1,4% preta, 2,2% parda. Dos 4.192 domicílios, 4.122 (98,3%) são casas, 56 (1,3%) apartamentos, 14 (0,3%) de casas em vilas ou em condomínios. Observa-se nessa região administrativa o predomínio de casas em logradouros públicos, entretanto, a pesquisa do IBGE foi realizada em período anterior à implantação dos condomínios urbanísticos.

A região administrativa do Laranjal, que recebeu os condomínios urbanísticos Veredas Altos do Laranjal, Alphaville Pelotas 1 e Alphaville Pelotas 2, possui uma área aproximada de 23.724.564,41m² ou 2.372,45ha, e apresenta as seguintes delimitações: ao sul o Canal

São Gonçalo, ao leste a Laguna dos Patos, ao norte por uma linha a 500m de distância da Avenida Adolfo Fetter e da Avenida Alagoas no Loteamento Balneário dos Prazeres, e ao oeste o Arroio Pelotas, tudo de acordo com a Lei Municipal 5.963/2012, que altera o perímetro urbano do município de Pelotas. Conforme realizado no tópico anterior, analisam-se as características sobre a ocupação do solo de cada uma das mesorregiões e microrregiões que integram a região administrativa do Laranjal, de acordo com o mapa U-02 do III Plano Diretor de Pelotas.

O Laranjal também foi dividido em três grandes mesorregiões. A LA 1 compreende o polígono entre a linha que divide o loteamento Vila Bela e o condomínio urbanístico Veredas Altos do Laranjal, uma linha a 500m de distância e paralela à Avenida Adolfo Fetter, uma linha a 500m de distância e paralela ao loteamento Balneário dos Prazeres, a orla da Lagos dos Patos, a linha que divide o loteamento Ana Estela e o loteamento Balneário Santo Antônio do imóvel lindeiro e a Avenida Adolfo Fetter.

Dentro da mesorregião LA 1 está a microrregião LA 1.1 denominada de Balneário dos Prazeres onde se localiza o loteamento com o mesmo nome, uma das regiões de menor valorização imobiliária do Laranjal. A microrregião LA 1.2 denominada de Vazio Urbano IX foi a que recebeu os condomínios urbanísticos Veredas Altos do Laranjal e Alphaville Pelotas 1 e 2, e onde pode se observar a presença de muitos vazios urbanos inutilizados e também alguns utilizados para atividade agrícola. Fazem parte da microrregião LA 1.3, denominada Costa Verde, o loteamento Vila Judith, alguns terrenos desmembrados para a Avenida Adolfo Fetter, outros para a Avenida Jorge Ivan da Costa Gertum, além do condomínio Costa Doce e do Laranjal Parque Hotel. Nessa microrregião estão localizadas também edificações emblemáticas como o Convento das Irmãs Carmelitas e a Casa Museu Estância do Laranjal, a primeira moradia de Pelotas edificada aproximadamente no ano de 1758, que pertenceu ao Coronel Thomaz Luiz Osório.

Na área oeste da região do Laranjal está localizada a mesorregião LA 2, compreendida nos polígonos entre a divisão do loteamento Vila Bela e o condomínio urbanístico Veredas Altos do Laranjal, Avenida Rio Grande do Sul, Avenida Arthur Augusto de Assumpção, o limite do loteamento Balneário Valverde, o limite do loteamento Pontal da Barra, o Canal São Gonçalo, o Arroio Pelotas e uma linha a 500m de distância da Avenida Adolfo Fetter.

Na microrregião LA 2.1, denominada Vila da Palha, estão situados imóveis de grande valorização em razão da proximidade com o Arroio Pelotas. Situam-se aqui o loteamento Arroio Pelotas, os condomínios Dom Domingo Marine e o Charqueadas, além de alguns terrenos desmembrados da Avenida Adolfo Fetter, e o restante são grandes áreas de vazios urbanos subutilizados pela especulação imobiliária. Na microrregião LA 2.2, denominada São Conrado/Vila Bela, estão situados dois loteamentos de mesmo nome. Na microrregião LA 2.3, denominada Recanto de Portugal, está situado o loteamento de igual nome. Na microrregião 2.4, denominada Vila Assumpção, estão localizados os loteamentos Las Acácias, Bougainville, Villa Assumpção I e II (este último não executado em razão de cancelamento administrativo), cujos lotes possuem altos valores de mercado. Na microrregião LA 2.5, denominada Las Acácias, estão localizadas duas grandes glebas de terras inabitadas, vazios urbanos em Área de Preservação Permanente, onde uma delas com banhados funciona uma ONG na área ambiental com mais de 250ha, Fundação Tapahue, e na outra gleba lindeira estão localizadas dunas de areia.

Na área central da região do Laranjal está localizada a mesorregião LA 3, compreendida no polígono entre o limite do loteamento Ana Estela, o limite do loteamento Balneário Santo Antônio, a Avenida Adolfo Fetter, a Avenida Rio Grande do Sul, a Avenida Arthur Augusto de Assumpção, o limite do loteamento Valverde, o limite do loteamento Pontal da Barra, o Canal São Gonçalo e a orla da Lagos dos Patos.

Dentro dessa mesorregião está situada a microrregião LA 3.1, denominada Colina Verde, cujo loteamento que integra possui o mesmo nome, além de também possuir imóveis desmembrados. A microrregião LA 3.2, denominada Santo Antônio, compreende um grande loteamento com o mesmo nome. A microrregião LA 3.3, denominada Vila Mariana, possui o loteamento Vila Mariana, o Amarílis, ainda em execução, e vazios urbanos utilizados para instalação de uma antena de rádio e uma grande residência. Na microrregião LA 3.4, denominada Valverde, está localizado o loteamento de mesmo nome. Da mesma forma a microrregião LA 3.5, denominada Pontal, serve para nomear o loteamento Pontal da Barra, do qual faz parte.

Além dessas características de ocupação do solo acima mencionadas, outros aspectos da região do Laranjal merecem ser apontados, como o regime urbanístico que possui critério de gabarito diferenciado do restante da cidade, sendo permitida construção de até 7m de altura, com exceção de algumas ruas e avenidas onde será permitida a altura de até 10m, nos termos do art. 169 do III Plano Diretor de Pelotas e mapa U-14.

De acordo com o Mapa Urbano Básico de Pelotas, versão 151, todos os condomínios residenciais da região administrativa do Laranjal aprovados formalmente pela SGCMU somam uma área total aproximada de 1.111,306m². Dessa área total os condomínios urbanísticos somados nessa região possuem uma área total de 867.316m², e o restante dos condomínios tradicionais uma área de 243.990m². Sendo assim, na região administrativa do Laranjal 78,03% da área total dos condomínios são destinados aos condomínios urbanísticos, Veredas Altos do Laranjal, Alphaville Pelotas 1 e Alphaville Pelotas 2. Os demais, em um número de 19 condomínios tradicionais representam apenas 21,97% da área total.

Além disso, pertinente mostrar o mapa U-13 anexo do III Plano Diretor de Pelotas com a proposta de uma via coletora no sistema viário, iniciada na Rua Cidade de Guimarães no Loteamento Recanto de Portugal (paralela à Avenida Adolfo Fetter), atravessando as áreas reservadas para ligação do sistema viário dos Loteamentos São Conrado e Vila Bela, até o limite da zona urbana nas proximidades do Balneário dos Prazeres. Entretanto, nota-se que a proposta não é mais possível, pois a implantação dos condomínios urbanísticos Veredas Altos do Laranjal e Alphaville Pelotas 1 e Alphaville Pelotas 2 impede esse projeto futuro de mobilidade urbana que pretendia "desafogar" o trânsito da via arterial Avenida Adolfo Fetter. Também, na região administrativa do São Gonçalo ocorre a mesma impossibilidade de implantação de uma via coletora projetada que passaria onde hoje está instalado o condomínio Lagos de São Gonçalo.

3.2 Condomínios urbanísticos na cidade de Pelotas/RS

Conforme já observado nesta pesquisa os padrões de segregação urbana mudaram muito ao longo do tempo, e atualmente se percebe uma tendência de autossegregação de grupos sociais em condomínios urbanísticos. Essa autossegregação socioespacial pode ser comprovada com a presença recente dos empreendimentos fechados na zona urbana de Pelotas, nas regiões mais valorizadas da cidade. A partir da aprovação da Lei Municipal 5.660/2009 a venda de lotes desses grandes empreendimentos passou a fazer parte do mercado imobiliário local, cujos maiores consumidores foram os grupos sociais de renda médias e altas.

Na figura a seguir pode ser observada a localização dos condomínios urbanísticos na cidade de Pelotas, através da imagem de satélite do *software* Google Earth. Em vermelho se observa o polígono do condomínio horizontal de lotes Lagos de São Gonçalo, entre a Avenida Ferreira Viana e o Canal São Gonçalo, nas proximidades do Shopping Pelotas e do Loteamento Umuharama. Em amarelo o condomínio horizontal de lotes Veredas Altos do Laranjal na Avenida Adolfo Fetter, próximo do início da Avenida Rio Grande do Sul. Em azul o condomínio horizontal de lotes Alphaville Pelotas 1 e na cor rosa o Alphaville Pelotas 2, próximos da orla da Praia do Laranjal. Nota-se que o Alphaville Pelotas 1 e o Alphaville Pelotas 2 estão lado a lado, no mesmo imóvel de fato, o mesmo condomínio urbanístico.

Figura 7 – Condomínios urbanísticos em Pelotas

Fonte: Imagem de satélite do Google Earth com polígonos de circunscrição realizados pelo autor.

Os descritos grupos sociais privilegiados pretendem habitar em condomínios fechados com grandes áreas de uso comum, e baixa densidade populacional. Atendendo essa demanda os incorporadores imobiliários apresentam um produto inovador, bairros fechados em glebas com média de 50% destinados às áreas de convívio comum entre os condôminos com identidades homogêneas, e uma baixa densidade populacional, com média de três habitantes para cada fração ideal média de 1.000,00m², conforme informado pelo empreendedor do ramo em reunião do CONPLAD, Ata 16/09.

Em um condomínio urbanístico de 350.000,00m², como o Lagos de São Gonçalo, haverá uma população média estimada de 1.050 pessoas, enquanto, por exemplo, em um condomínio vertical convencional, o Residencial Valle Del Fiori, com cinco pavimentos, área privativa de 45,70m² por unidade, na região administrativa do Fragata, condomínio com dois dormitórios, destinados às famílias com renda entre três e seis salários, com área territorial total de 10.338,69m², com 170 unidades, será habitado por uma população interna média de 510 pessoas. Neste exemplo eventual de condomínio vertical de baixo valor de mercado três habitantes ocupam um espaço de 60,81m², ou de maneira inversa, uma área de 1.000,00m² poderia ser ocupada por 48,53 habitantes, o que representa uma densidade habitacional 16,17 ou 1.617% vezes maior que a média de um condomínio urbanístico em Pelotas. Observa-se assim um adensamento populacional em imóveis multifamiliares para grupos sociais de baixa renda, enquanto há subutilização do solo ocupado por grupos sociais de alta renda nos condomínios urbanísticos com habitações unifamiliares. Verifica-se na tabela abaixo, elaborada pelo autor, a densidade habitacional dos condomínios urbanísticos de Pelotas/RS, comparando-se aleatoriamente apenas para fins didáticos com um condomínio convencional de apartamentos denominado Residencial Valle Del Fiori.

Tabela 4 – Comparativo de densidade populacional
nos condomínios de Pelotas/RS

Lugar	População (hab)	Superfície (km²)	Densidade (hab/km²)
Lagos de São Gonçalo	1.095*	0,35	3.128,57
Veredas Altos do Laranjal	1.362*	0,35	3.891,42
Alphaville Pelotas 1 e 2	2.224**	0,5173	4.299,24
Valle Del Fiori	510***	0,01033869	49.329,26

Fonte: Tabela elaborada pelo autor, com base nos dados do memorial descritivo do empreendimento.
* Média potencial de três habitantes por unidade residencial, conforme Ata 16/09 do CONPLAD.
** Média potencial de quatro habitantes por unidade residencial, conforme dados técnicos.
*** Média potencial de três habitantes por unidade residencial, art. 203 do III Plano Diretor de Pelotas.

Além da baixa densidade populacional, outro aspecto interessante a ser analisado é a quantidade de áreas verdes dos condomínios horizontais de lotes de Pelotas se comparado ao restante da cidade. As áreas verdes exclusivas do condomínio Lagos de São Gonçalo somam a área total de 73.886,71m², ou 67,47m² por habitante; a do condomínio Veredas Altos do Laranjal 83.130,06m², ou 61,03m² por habitante; a do condomínio Alphaville Pelotas 1 e Alphaville Pelotas 2 um total de 98.885,15m², ou 44,46m² por habitante, enquanto o restante da cidade possui somente 4,73m² de área verde por habitante, sendo que o recomendado pela Organização Mundial da Saúde é um mínimo de 12m², com um índice ideal de 36m².

Com base nos dados publicados no portal oficial da Prefeitura Municipal de Pelotas, cuja área verde por habitante atinge a ínfima medida de 4,73m², segundo o levantamento feito na zona urbana da cidade, e com a informação da população urbana estimada pelo IBGE de 306.193 habitantes, conclui-se que a zona urbana de Pelotas possui cerca de 1,44km² ou ainda 1.448.292,89m² de áreas verdes, que incluem não só as praças, mas também os canteiros de avenidas. Essa estimativa representa cerca de 0,75% da área urbana do município como área verde, já que a área urbana possui 192,656km² ou ainda 192.655.915,968m². Constata-se que os condomínios urbanísticos em Pelotas/RS ultrapassam o mínimo e até mesmo o ideal recomendado, o que pode ser considerado um local ideal para residir, ao contrário do restante da cidade com um índice constrangedor. O grande problema desse modelo de condomínio fechado é que ele é excludente, garantido apenas aos que podem pagar por uma vida perfeita, os demais não podem ter acesso aos benefícios naturais, não podem ter assegurado o direito à cidade.

Tabela 5 – Comparativo de área verde por habitante nos condomínios de Pelotas/RS

Lugar	População (hab)*	Área verde (m²)**	Área/habitante (m²)
Lagos de São Gonçalo	1.095	73.886,71	67,47
Veredas Altos do Laranjal	1.362	83.130,06	61,03
Alphaville Pelotas 1 e 2	2.224	98.885,15	44,46
Zona urbana de Pelotas	306.193	1.448.292,89***	4,73

Fonte: Tabela elaborada pelo autor, com base nos dados do memorial descritivo do empreendimento.
* Média potencial de acordo com a fonte da população da tabela anterior.
** Área de acordo com o memorial descritivo do empreendimento.
*** População urbana estimada pelo IBGE multiplicado pela área verde por habitante.

A densidade populacional, áreas verdes e outras características dos condomínios serão analisadas separadamente em tópicos específicos por empreendimento. De acordo com as pesquisas realizadas no órgão responsável pela viabilidade desses empreendimentos, Coordenadoria de Aprovação de Edificações e Parcelamento do Solo da SGCMU da Prefeitura Municipal de Pelotas, foram encontrados quatro empreendimentos aprovados com base na Lei Municipal 5.660/2009, a lei que institui os Condomínios Horizontais de Lotes em Pelotas e modifica tacitamente o art. 192 do III Plano Diretor de Pelotas. Em ordem cronológica, os condomínios urbanísticos, ou condomínios horizontais de lotes como denomina a lei local, são os seguintes: Lagos de São Gonçalo, Veredas Altos do Laranjal, Alphaville Pelotas 1 e Alphaville Pelotas 2. Cada um dos condomínios será analisado de forma apartada em tópico próprio, exceto o Alphaville Pelotas 1 e Alphaville Pelotas 2 que serão estudados de forma conjunta em único tópico subdividido em outros dois, por apresentarem as mesmas características.

3.2.1 Condomínio horizontal de lotes Lagos de São Gonçalo

Segundo o memorial descritivo contido no projeto aprovado pela Coordenadoria de Aprovação de Edificações e Parcelamento do Solo da SGCMU da Prefeitura Municipal de Pelotas, o empreendimento imobiliário denominado Lagos de São Gonçalo foi construído sobre o imóvel localizado na Travessa 1 da Avenida São Francisco de Paula 650, matrícula 76.368, do Livro 2 – Registro Geral da 1ª Zona do Registro de Imóveis de Pelotas, com área exata de 350.000m² ou 35ha. Esse empreendimento foi aprovado com base na Lei Municipal 5.660/2009, com finalidade exclusivamente de condomínio residencial, Licença de Instalação 2937/2012 e Licença de Operação 4171/2013, classificada como atividade potencialmente poluidora nível médio, emitidas pela SQA da Prefeitura Municipal de Pelotas. O condomínio possui 365 unidades autônomas, todas residenciais. Da área total de 350.000,00m², somente 166.201,05m² são de uso privativo e 183.798,05m² de uso comum. As unidades foram distribuídas em 11 quadras, 10 áreas verdes, 05 espelhos d'água/lagos e 08 vias de circulação.

Figura 8 – Ortofoto do Lagos de São Gonçalo

Fonte: Prefeitura Municipal de Pelotas, 2015.

O empreendimento possui na área de uso comum: um pórtico de 200m², contemplado com guarita com vidro blindado; um clube conceito com 1.525m², com espaço *gourmet*, salão de festas, cafeteria, espaço infantil, sala de jogos, sala de *fitness*, piscina térmica, piscina externa e deck molhado, *playground*, quadra de futebol infantil; clube esportivo com quadra de tênis, quadra de futebol e *paddle*, churrasqueiras e quiosques; administração com 295m². As áreas verdes exclusivas dos condôminos somam a área de 73.886,71m², a área dos lagos em total de 40.121,6m², enquanto a área de todo sistema viário possui 51.625,89m². No perímetro do condomínio urbanístico foi edificado um muro de alvenaria com 2,6m de altura.

Tabela 6 – Áreas do Lagos de São Gonçalo

	Tipo de área	Áreas (m²)	Percentual
1.	Área total privativa	166.201,05	47,48%
2.	Áreas comuns	183.798,05	52,51%
2.1.	Sistema viário	51.625,89	14,75%
2.2.	Áreas verdes	73.886,71	21,11%
2.3.	Lagos artificiais	40.121,60	11,46%
2.4.	Demais áreas	18.163,85	5,18%
3.	Área total loteada	350.000,00	100,00%
4.	Total da gleba	350.000,00	100,00%

Fonte: Tabela elaborada pelo autor, com base nos dados do memorial descritivo do empreendimento.

Os valores das unidades no lançamento em 2010, segundo a tabela de preços da incorporadora repassada aos corretores, variavam de R$ 140.000,00 – os menores lotes com 390m² de área privativa – a R$ 317.000,00 – os lotes com 551,82m² de área privativa. De acordo com o valor venal do imóvel, determinado pela planta de valores utilizada de base de cálculo para cobrança do IPTU, o metro quadrado do terreno no Lagos de São Gonçalo é de 2,8 URM ou R$ 296,01, de acordo com a URM válida até abril de 2017. Já o valor venal do metro quadrado de área construída possui um valor venal de 16,45 URM, ou R$ 1.739,49. Portanto, por exemplo, no lote A01 uma casa com área construída de 330m² possui o valor venal de R$ 516.162,04, e uma fração ideal de terreno com 1.074,68m², no valor venal de R$ 317.921,18, totalizando o valor venal de R$ 892.157,23, para fins de tributação municipal.

Figura 9 – Disposição de lotes e urbanizações do Lagos de São Gonçalo

Fonte: Mapa Urbano Básico lotes Pelotas (MUB lotes).

A ortofoto revela uma imagem aérea pelo SIG da Prefeitura Municipal de Pelotas, com a ocupação do solo por luxuosas construções ao redor dos lagos e demais urbanizações. Já na imagem com a disposição dos lotes se observa o projeto arquitetônico do empreendimento, com o perímetro em cor verde-limão, os lotes internos na cor branca e as demais urbanizações na cor cinza. As fotografias feitas *in loco* pelo autor no espaço interno do empreendimento somente foram permitidas após a solicitação feita na administração do condomínio, mediante a entrega de documento pessoal de identificação.

Na vistoria feita *in loco* foi constatado um complexo esquema de segurança com comunicação por rádio entre todos os envolvidos, além de haver um monitoramento em todo o perímetro visitado. Durante o período de identificação muitos prestadores de serviço foram barrados pela segurança. Na parte interna do condomínio foi visualizada uma verdadeira cidade fechada com residências excessivamente luxuosas, quase todas voltadas para os lagos privativos, e para as demais áreas de uso comum. A arquitetura e decoração clássica do local estão voltadas para famílias mais tradicionais e com maior poder aquisitivo. As residências abrigam muitas das famílias com maior poder aquisitivo da cidade, que buscam segurança e discrição.

3.2.2 Condomínio horizontal de lotes Veredas Altos do Laranjal

O empreendimento denominado Veredas Altos do Laranjal foi implantado sobre o imóvel de matrícula 51.011 do Livro 2 do Registro de Imóveis da Segunda Zona da Comarca de Pelotas/RS, conforme projeto arquitetônico aprovado pela SGCMU da Prefeitura Municipal de Pelotas, planta 536/2011, alvará de aprovação e execução do empreendimento 944/2011. Possui Licença de Instalação 2935/2012 e Licença de Operação 5261/2015, classificada como atividade potencialmente poluidora nível médio, emitidas pela SQA da Prefeitura Municipal de Pelotas. As licenças ambientais determinaram condições e restrições como a compensação ambiental de 2.000 mudas de espécies nativas em razão da supressão de 400 árvores na gleba do empreendimento, além da compensação ambiental monetária no valor de R$ 60.000,00.

Figura 10 – Ortofoto do Veredas Altos do Laranjal

Fonte: Prefeitura Municipal de Pelotas, 2015.

O condomínio urbanístico em apreço ocupa uma fração de terras de 350.000,00m² ou 35ha, com 454 unidades autônomas representadas pelos lotes residenciais. A gleba original possuía 517.316,68m², na qual foram desmembrados 350.000,00m² para o condomínio, e as demais áreas foram destinadas à criação de grandes lotes comerciais voltados para a Avenida Adolfo Fetter, e um lote ao fundo comercializado com um proprietário lindeiro. Um desses lotes frontais, com mais de 26.000,00m² foi comercializado para a construção da Escola Santa Mônica. Na figura da disposição dos lotes é possível visualizar o perímetro inicial do imóvel, antes dos desmembramentos, em verde-limão, com as urbanizações em cinza e os lotes em branco. Além disso, o traçado na cor rosa representa o limite da zona urbana ao sul e zona rural ao norte. Assim, a maior parte do empreendimento está em zona rural.

Figura 11 – Disposição de lotes e urbanizações do Veredas Altos do Laranjal

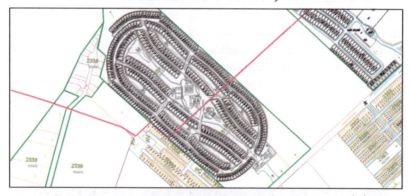

Fonte: Mapa Urbano Básico lotes Pelotas (MUB lotes).

Segundo o memorial descritivo do condomínio a área do mesmo mede 352.520,81m², sendo que 179.758,62m² de área real privativa correspondente às unidades autônomas, distribuídas em 8 quadras, e 172.762,19m² de área real de uso comum de divisão proporcional, distribuídas em 10 áreas verdes com 83.130,06m², 6 espelhos d'água/lagos com 20.750,43m², vias de circulação interna com 66.360,89m² e demais áreas condominiais construídas com 2.520,81m². Estas áreas condominiais construídas incluem: quadra poliesportiva coberta com espaço *gourmet*, banheiros, mezanino com 784,73m²; administração pórtico principal de acesso com 122,42m²; *gourmet* externo quiosque com

32,76m²; salão de festas com 273,24m²; *club house* com 1.091,90m² com *pub*, espaço *gourmet*, espaço *kids*, espaço *teens*, piscina térmica, banheiros, *fitness*, SPA com sauna, duas quadras de tênis, campo de futebol de sete, piscina, lago artificial banhável, *playground*.

Os valores comerciais das unidades desse condomínio urbanístico disponibilizada pela incorporada aos corretores em 2011 apontavam unidades entre os valores de R$ 95.000,00, com 322m² de área privativa, e R$ 328.000,00 com 745,33m² de área privativa. Esses valores dependem da localização próxima ou não da portaria, de áreas de uso comum como os lagos, clube e muros. Atualmente, com o mercado imobiliário em baixa, os lotes de menor valor são comercializados a partir de R$ 150.000,00, mas seguidamente ultrapassam o valor de R$ 200.000,00. O valor venal do m² de lotes no Veredas Altos do Laranjal para fins de tributação é de 2,6 URM ou R$ 274,87, e o m² da área construída é de 12,51 URM ou R$ 1.323,51. Logo, em um simples exemplo, o lote C02, com fração ideal de 806,58m² e área construída de 233,39 m² possui um valor venal total de R$ 530.602,41, para fins de tributação municipal.

Tabela 7 – Áreas do Veredas Altos do Laranjal

	Tipo de área	Áreas (m²)	Percentual
1.	Área total privativa	179.758,62	50,99%
2.	Áreas comuns	172.762,19	49,01%
2.1.	Sistema viário	66.360,89	18,82%
2.2.	Áreas verdes	83.130,06	23,58%
2.3.	Lagos artificiais	20.750,43	5,88%
2.4.	Demais áreas construídas	2.520,81	0,73%
3.	Área total loteada	352.520,81	100,00%
4.	Total da gleba	352.520,81	100,00%

Fonte: Tabela elaborada pelo autor, com base nos dados do memorial descritivo do empreendimento.

O empreendimento está localizado na área administrativa do Laranjal, a cerca de 2.000m de distância da Laguna dos Patos, com frente para a Avenida Adolfo Fetter n° 3.551, classificada pelo III Plano Diretor de Pelotas como via com característica habitacional em área de grandes vazios urbanos, com ocupações predominantemente habitacionais em residências unifamiliares, edificações comerciais de pequeno porte, em área pouco densificada inserida na zona urbana de Pelotas.

Foi construído um muro no alinhamento que circunda os 350.000m² ou 35ha na área do empreendimento, em estrutura pré-moldada em concreto com altura de 2,5m. A segurança é feita com automatização de portões nos acessos externos e sistema de proteção perimetral (cerca energizada) nos limites das áreas. O acesso à área interna é feito exclusivamente através das vias de destinação para veículos e pedestres. A permissão de acesso à área de condomínio está condicionada a identificação do interessado e restrito aos proprietários e quem por eles autorizado. Os cidadãos não proprietários passam por processo de credenciamento e autorização mediante apresentação de documento de identidade.

Na vistoria feita *in loco* foi constatado um complexo esquema de segurança com comunicação por rádio entre todos os envolvidos, além de haver um monitoramento em todo perímetro visitado. Na parte interna do condomínio foi visualizada uma verdadeira cidade fechada com certo luxo nas residências e áreas de uso comum, mas nada comparável com aos excessos do condomínio Lagos de São Gonçalo. Pode-se dizer que a arquitetura e decoração são mais voltadas ao estilo moderno, destinadas para jovens famílias com poder aquisitivo elevado. Para ingressar no condomínio foi necessária identificação na portaria e na administração, bem como o constrangimento de prestar informações na administração sobre o motivo pela qual a visita com fotografias foi realizada no local.

3.2.3 Condomínio horizontal de lotes Alphaville Pelotas

O condomínio urbanístico Alphaville, implantado na cidade de Pelotas em duas etapas: Alphaville Pelotas 1 e Alphaville Pelotas 2, possui uma área total de 517.316,68m², ou 51,7316ha, de acordo com a matrícula 47.232 do Livro 2, do Registro de Imóveis da 2ª Zona da Comarca de Pelotas. Parte dessa fração de terras foi adquirida pelo empreendedor em 21/07/2011 e registrado em 13/06/2012, conforme R.4 da matrícula. Procurou-se analisar os condomínios Alphaville Pelotas 1 e Alphaville Pelotas 2, juridicamente dois condomínios independentes, em um único tópico geral subdividido em outros dois, justamente para enfatizar que de fato o Alphaville Pelotas se trata de um único condomínio, sem a relevância do desmembramento jurídico em outros dois. Para finalidade de planejamento urbano o que realmente importa são os impactos causados de fato pelos empreendimentos imobiliários na cidade, e não como juridicamente foram formalizados. Na figura a seguir se visualiza a delimitação projetada entre os dois empreendimentos Alphaville Pelotas, já que não há barreiras físicas internas que os separam.

Figura 12 – Delimitação territorial do Alphaville Pelotas 1 e 2

Fonte: Imagem de satélite do Google Earth com polígonos de delimitação realizados pelo autor.

Sabe-se que de acordo com o art. 4º, XI, da Lei de Condomínio Horizontal de Lotes, o limite máximo para esse tipo de empreendimento será de 350.000,00m² ou 35ha. Portanto, juridicamente não seria possível a aprovação de um condomínio urbanístico com as dimensões pretendidas de 517.316,68m², ou 51,7316ha. Sendo assim, aparentemente houve um artifício administrativo para sua aprovação de acordo com a legislação local, ou seja, o desmembramento da gleba maior em duas glebas menores, e consequentemente a separação jurídica do projeto em: Alphaville Pelotas 1 e Alphaville Pelotas 2.

Apesar do desmembramento da área original em duas novas matrículas, o que se constituiu de fato foi um condomínio urbanístico gigante, com mais de 50ha, visto que os dois condomínios estão interligados internamente, inclusive com a possibilidade de deslocamento entre os condôminos sem veículos de um para o outro sem controle de segurança. Muito embora não exista ligação dos sistemas viários internos dos condomínios, e haja duas portarias independentes, percebe-se a inexistência de muros ou cerca de proteção, separação e divisão entre os condomínios, mas somente no entorno dos 51,7316ha.

Figura 13 – Ortofoto do Alphaville Pelotas 1 e 2

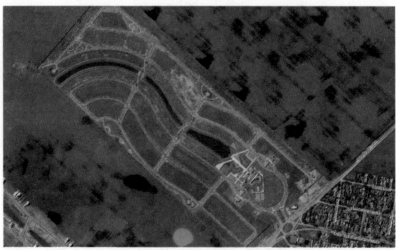

Fonte: Prefeitura Municipal de Pelotas, 2015.

A decisão administrativa de permitir a implantação de condomínios interligados, em tese, permite a implantação de condomínios com tamanhos infinitos, já que se abre um precedente de desmembramento de grandes glebas em várias outras com até 35ha, e assim aprovar os condomínios separadamente em matrículas individuais, mas que na prática podem estar todos interligados, com acesso irrestrito entre os condôminos. Pretende-se na verdade a implantação de espaços fechados cada vez maiores para a convivência entre os iguais, desde que os diferentes de fora não frequentem o mesmo espaço. Pode-se visualizar a inexistência de barreiras entre os condomínios, inclusive com a fácil percepção de uso das mesmas áreas de uso comum dos condomínios, com as urbanizações entre eles, como campo de futebol, piscina, lagos, clube, piscina.

Ainda, de acordo com as imagens aéreas obtidas pela SGCMU da Prefeitura Municipal de Pelotas, verifica-se que pode haver uma inconsistência entre os dados dos memoriais descritivos dos empreendimentos, uma vez que o Alphaville Pelotas 2 possui, por exemplo, piscina, campo de futebol, quadras esportivas, mas não possui *club house*, que se encontra inteiramente dentro da área do Alphaville Pelotas 1. Na figura a seguir com projeção da disponibilidade dos lotes pode ser visualizado o perímetro inicial do imóvel, antes do desmembramento, em verde-limão, com as urbanizações em cinza e os lotes em branco. Os lotes do Alphaville Pelotas 2 ainda não possuem cadastro individualizado. Além disso, o traçado na cor rosa representa o limite da zona urbana ao sul e zona rural ao norte. Assim, uma grande parte do empreendimento está além do perímetro urbano.

Figura 14 – Disposição de lotes e urbanizações do Alphaville Pelotas

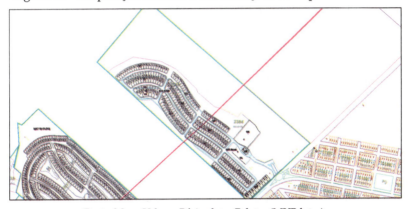

Fonte: Mapa Urbano Básico lotes Pelotas (MUB lotes).

O grande diferencial do Alphaville Pelotas em relação aos demais condomínios urbanísticos, além do maior tamanho do condomínio, é a maior liberdade para construção de muros divisórios entre as unidades internas, com limite de até 2,00m de altura, o que permite uma maior privacidade. Excetuam-se dessa regra geral as unidades que confrontam com as áreas verdes, onde será permitido apenas gradil ou cerca viva e vedada a utilização de muros de divisa.

Na vistoria feita *in loco* foi constatado um sistema de segurança com comunicação por rádio entre todos os envolvidos, mas menos rigoroso que os demais condomínios visitados, talvez por ainda não existir um número significativo de moradores. Verificaram-se algumas residências em construção no Alphaville Pelotas 1 e nenhuma no Alphaville Pelotas 2, visto que na data de visita ainda não estava liberado para edificações. Na parte interna do condomínio foi visualizado um requinte moderado. Pode-se dizer que a arquitetura e decoração são mais simples que os demais empreendimentos do mesmo tipo, voltada mais para jovens famílias com poder aquisitivo compatível com o padrão de vida projetado. Para ingressar no condomínio foi necessária prévia identificação na portaria e na administração, como de praxe em todos os condomínios.

Optou-se aqui, para uma melhor compreensão, classificar o Alphaville Pelotas como sendo um único condomínio urbanístico de fato. No entanto, como juridicamente ele está dividido em pessoas jurídicas distintas, conforme já relatado, além de que todas as solicitações de licença foram realizadas simultaneamente, mas em apartado, passa-se a analisá-los separadamente. Em primeiro, o Alphaville Pelotas 1 por ter sido executado e comercializado antes do Alphaville Pelotas 2.

a) Alphaville Pelotas 1

O empreendimento ocupa uma área de 267.187,63m², matrícula 53.045 do Livro 2, do Registro de Imóveis da 2ª Zona da Comarca de Pelotas, projetado a partir da área desmembrada da matrícula 47.232 do mesmo livro acima mencionado, que originalmente possuía 517.316,68m² ou 51,7316ha. Localiza-se na Avenida Adolfo Fetter n° 4331, a cerca de 400m de distância do Veredas Altos do Laranjal, e 1.500m de distância da Laguna dos Patos com rápido acesso em uma linha reta pela Avenida José Maria da Fontoura. O condomínio possui 273 unidades residenciais e 10 unidades comerciais. Foi emitida Licença Prévia 2747/2012 e Licença de Instalação 2836/2012 pela SQA, com diversas condições e restrições, cuja principal é a compensação ambiental de R$ 30.000,00 para cada empreendimento Alphaville, totalizando R$ 60.000,00 entre os dois. Até mesmo para a finalidade de compensação ambiental o órgão ambiental considerou o Alphaville Pelotas como um único condomínio subdividido em dois.

Trata-se de um condomínio urbanístico misto (comercial e residencial), sendo que da área total acima mencionada 122.434,89m² representam a área privativa, dividida em área residencial, distribuída em 11 quadras residenciais, com 116.366,30m² em lotes médios de 400m², e 6.068,59m² de área total comercial em lotes médios de 600m², todos voltados ao logradouro público. A área comum total soma 144.752,74m², sendo que: a área do clube possui 11.860,66m²; a sede do condomínio 3.719,68m²; a portaria 828,86m²; o sistema viário 52.023,84m²; as 16 áreas verdes 52.493,08m² e os 3 lagos artificiais 23.826,62m².

Tabela 8 – Áreas do Alphaville Pelotas 1

	Tipo de área	Áreas (m²)	Percentual
1.	Área total privativa	122.434,89	45,82%
1.1.	Área residencial	116.366,30	43,55%
1.2.	Área comercial	6.068,59	2,27%
2.	Áreas comuns	144.752,74	54,17%
2.1.	Área do clube	11.860,66	4,44%
2.2.	Sede do condomínio	3.719,68	1,39%
2.3.	Área da portaria	828,86	0,31%
2.4.	Sistema viário	52.023,84	19,47%
2.5.	Áreas verdes	52.493,08	19,64%
2.6.	Lagos artificiais	23.826,62	8,92%
3.	Área total loteada	267.187,63	100,00%
4.	Total da gleba	267.187,63	100,00%

Fonte: Tabela elaborada pelo autor, com base nos dados do memorial descritivo do empreendimento.

Os lotes de área privativa de 400m² são comercializados atualmente com valor a partir de R$ 136.900,00 à vista. O valor venal do m² do terreno no Alphaville Pelotas 1 para fins de tributação é de 1,45 URM ou R$ 153,29, e o m² da área construída é de 13,13 URM ou R$ 1.388,39. Os idealizadores do empreendimento preveem uma população fixa no residencial de quatro pessoas por unidade, em um total de 1.092 habitantes no Alphaville Pelotas 1, conforme dados técnicos do empreendimento.

b) Alphaville Pelotas 2

O empreendimento ocupa uma área de 250.129,05m², matrícula 53.046 do Livro 2, do Registro de Imóveis da 2ª Zona da Comarca de Pelotas, projetado a partir da área desmembrada da matrícula 47.232 do mesmo livro acima mencionado, que originalmente possuía 517.316,68m² ou 51,7316ha. Localiza-se na Avenida Adolfo Fetter n° 4.831, a cerca de 480m de distância do Veredas Altos do Laranjal, e 1.500m de distância da Laguna dos Patos com rápido acesso em uma linha reta pela Avenida José Maria da Fontoura. O condomínio possui 283 unidades residenciais e 11 unidades comerciais. Foi emitida Licença Prévia 2746/2012 e Licença de Instalação 2837/2012 pela SQA, com diversas condições e restrições, cuja principal é a compensação ambiental de

R$ 30.000,00 para cada empreendimento Alphaville, totalizando R$ 60.000,00 entre os dois.

Trata-se de um condomínio urbanístico misto (comercial e residencial), sendo que da área total acima mencionada 125.361,55m² representam a área privativa, dividida em área residencial, distribuída em 12 quadras residenciais, com 118.677,45m² em lotes médios de 400m², e 6.684,10m² de área total comercial em lotes médios de 600m², todos voltados ao logradouro público. A área comum total soma 124.768,13m², sendo que: a área do clube possui 16.576,03m²; a sede do condomínio 3.719,70m²; a portaria 828,86m²; o sistema viário 54.219,28m²; as 14 áreas verdes 46.392,07m² e os 4 lagos artificiais 2.631,99m².

Tabela 9 – Áreas do Alphaville Pelotas 2

	Tipo de área	Áreas (m²)	Percentual
1.	Área total privativa	125.361,55	50,12%
1.1.	Área residencial	118.677,45	47,45%
1.2.	Área comercial	6.684,10	2,67%
2.	Áreas comuns	124.768,13	49,88%
2.1.	Área do clube	16.576,03	6,63%
2.2.	Sede do condomínio	3.719,70	1,49%
2.3.	Área da portaria	828,86	0,33%
2.4.	Sistema viário	54.219,28	21,67%
2.5.	Áreas verdes	46.392,07	18,55%
2.6.	Lagos artificiais	2.631,99	1,05%
3.	Área total loteada	250.129,05	100,00%
4.	Total da gleba	250.129,05	100,00%

Fonte: Tabela elaborada pelo autor, com base nos dados do memorial descritivo do empreendimento.

Os lotes de área privativa de 400m² são comercializados atualmente com valor a partir de R$ 136.900,00 à vista. O valor venal do m² do terreno no Alphaville Pelotas 2 para fins de tributação é de 1,45 URM ou R$ 153,29, e o m² da área construída é de 9,34 URM ou R$ 987,82. Os idealizadores do empreendimento preveem uma população fixa no residencial de quatro pessoas por unidade, em um total de 1.132 habitantes no Alphaville Pelotas 2, conforme dados técnicos do empreendimento.

3.3 Apuração dos impactos causados pelos condomínios urbanísticos em Pelotas

Mediante os dados pesquisados dos condomínios horizontais de lotes na cidade de Pelotas foi possível quantificar as áreas de vias públicas, áreas verdes, lagos, que estão sob o domínio privado. Entretanto, faz-se necessário identificar hipoteticamente quais áreas seriam de domínio público se caso esses condomínios tivessem a natureza de direito público como loteamentos, revelando o movimento de apropriação de áreas que poderiam ser públicas. Da mesma forma, os dados cadastrais da Prefeitura Municipal de Pelotas permitem a elaboração de variáveis para a mensuração do fenômeno da autossegregação socioespacial urbana, com metodologias científicas que indicam níveis de uniformidade.

3.3.1 Áreas públicas apropriadas pelos empreendimentos privados

Além das características explícitas dos condomínios horizontais em lotes da cidade de Pelotas há necessidade também de compreender as externalidades que influenciam a vida urbana em Pelotas/RS. Dessa forma, procura-se investigar a influência dos condomínios urbanísticos na apropriação territorial e na segregação. Com relação ao território, mensuram-se os espaços da cidade que seriam públicos se caso esses empreendimentos urbanísticos de lotes fossem abertos como no passado recente, de forma hipotética, a fim de visualizar o crescente desenvolvimento da zona urbana e a decrescente criação de áreas públicas. Para isso foram consideradas as áreas totais dos condomínios horizontais em lotes, bem como o percentual que deveria ser entregue ao poder público se caso fossem loteamentos tradicionais. Projeta-se a área mínima exigida pela legislação local e também a área que foi destinada de fato ao uso comum entre os condôminos.

Investiga-se a nova forma de apropriação do espaço público, mas dessa vez com a legitimação formal do poder público, juridicamente garantido pela legislação local que garante a legalidade dos condomínios urbanísticos em Pelotas. Diferentemente do fechamento irregular das vias de acesso dos loteamentos convencionais para uso exclusivo dos residentes, no condomínio urbanístico ocorre uma espécie de apropriação legal, com a manipulação legislativa e consequentemente com a aprovação administrativa do órgão municipal.

Uma das principais consequências negativas da implantação dos grandes condomínios urbanísticos é a ocorrência de áreas verdes particulares, ruas particulares, urbanizações particulares, tudo isso garantido pelo bloqueio dos não proprietários nas portarias que dividem o espaço público do privado. Como já exaustivamente argumentado, esses empreendimentos possuem todas as características de loteamentos, e deveriam ser tratados pelas normas urbanísticas de direito público, mas não o são. As principais características que os diferem dos loteamentos são o fechamento de seu entorno por muros de proteção e a não destinação de parte da área da gleba ao poder público para o desenvolvimento da cidade, o que limita o exercício do direito à cidade.

Portanto, no caso de um loteamento dissimulado em forma de condomínio, e se nele não há a transferência de parte da área da gleba ao poder público, logo, por consequência, existe uma apropriação legal do espaço que deveria ser público. Em uma previsão mais pessimista possível, pode-se imaginar um futuro cada vez com menos novas áreas públicas, já que hipoteticamente a maior parte da expansão urbana pode ser feita na forma de condomínio urbanístico, sem a destinação de novas áreas públicas, nem mesmo para vias de circulação.

A Lei de Parcelamento de Solo em seu texto original do art. 4°, §1°, previa que a porcentagem de áreas públicas destinadas a sistema de circulação, a implantação de equipamento urbano e comunitário, bem como espaços livres de uso público, não seria inferior a 35% da gleba loteada. Entretanto, esse artigo foi revogado em 1999 e agora os municípios podem exigir por lei o percentual que entenderem. Certamente por isso cada vez as cidades possuem menos áreas públicas urbanas, em razão da pressão do mercado imobiliário nas frágeis legislações locais.

O município de Pelotas, através do art. 187 do III Plano Diretor, resolveu por fazer a reserva da gleba para a destinação de áreas públicas em um total de 18%, sendo que 5% para lazer ativo, 5% para áreas verdes arborizadas, 5% para arborização de passeios e 3% para uso institucional. Essas áreas passam a integrar o domínio do município a partir do registro do parcelamento do solo. Em um exemplo fictício, um loteamento de 10.000,00m² será reservado 3% para implantação de área institucional, que nesse caso seria a área de apenas 300m², insuficiente para implantação de equipamentos urbanos como uma escola pública.

CAPÍTULO 3
MAPEAMENTO DOS CONDOMÍNIOS HORIZONTAIS DE LOTES NA CIDADE DE PELOTAS/RS

Os índices de áreas destinadas ao poder público nos parcelamentos do solo em Pelotas são baixos, mas ainda pior é a não destinação de áreas ao domínio do município. Ocorre assim a apropriação do espaço público pelos agentes privados, tendo em vista que o argumento predominante entende que os condomínios urbanísticos possuem natureza jurídica de direito privado. Se os condomínios urbanísticos em Pelotas fossem regidos pela legislação de direito público seria possível a destinação de grandes áreas para utilização dos cidadãos e assim cumprimento com o direito à cidade, como ocorre em um loteamento. Elabora-se tabela para exemplificar ficticiamente as áreas que seriam destinadas ao uso público do cidadão comum, se caso os empreendimentos não fossem entendidos como de natureza jurídica privada, mas sim loteamentos públicos.

Tabela 10 – Áreas apropriadas pelos condomínios urbanísticos em Pelotas/RS

Empreendimento	Projeto do empreendimento	III Plano Diretor de Pelotas
Lagos de São Gonçalo	183.798,05m^2 ou 52,51%	63.000,00m^2 ou 18%
Veredas Altos do Laranjal	172.762,19m^2 ou 49,01%	63.453,74m^2 ou 18%
Alphaville Pelotas 1 e 2	269.520, 87m^2 ou 52,10%	93.117,00m^2 ou 18%

Fonte: Tabela elaborada pelo autor, com base nos dados do memorial descritivo do empreendimento.

Conforme se observa na tabela acima, caso os condomínios urbanísticos de Pelotas fossem submetidos às normas públicas de direito urbanístico que disciplinam o parcelamento do solo, teríamos grandes áreas públicas para o acesso de todas as pessoas comuns do povo. De acordo com as áreas destinadas pelos próprios empreendimentos ao uso comum dos seus condôminos, caso fossem destinadas ao domínio público haveria cerca de 50% das glebas ao uso público: Lagos de São Gonçalo com 183.798,05m^2; Veredas Altos do Laranjal com 172.762,19m^2 e Alphaville Pelotas 1 e 2 com 269.520, 87m^2. Ainda, se fossem utilizados os percentuais mínimos legais seria obtido 18% do uso coletivo de áreas verdes, vias de circulação e equipamentos urbanos, para toda população e não apenas para uma parcela autossegregada. Neste caso as áreas públicas destinadas seriam: Lagos de São Gonçalo com

63.000,00m²; Veredas Altos do Laranjal com 63.453,74m² e Alphaville Pelotas 1 e 2 com 93.117,00m².

3.3.2 Quantificação da segregação baseada em variáveis imobiliárias

Além da apropriação de áreas que deveriam ser públicas, outra externalidade negativa detectada foi a ocorrência de segregação causada pelos condomínios horizontais em lotes. Certamente a melhor forma de comparar a segregação socioespacial urbana na cidade seria através dos dados sobre a renda dos habitantes dos locais em apreço. Na impossibilidade de obter esses dados, visto que o último Censo Demográfico do IBGE ocorreu no ano de 2010, antes da implantação dos condomínios urbanísticos, optou-se por utilizar outras variáveis disponíveis. O valor venal das propriedades obtido pelo cadastro imobiliário da Prefeitura Municipal de Pelotas foi a melhor forma encontrada para mensurar a segregação socioespacial na zona urbana, pois em regra geral os imóveis com maiores valores são de propriedade das pessoas com maiores rendas, mesmo admitindo exceções.

O valor venal dos imóveis em Pelotas é determinado pelos dados cadastrais como base de cálculo para o IPTU, de acordo com o art. 4° da Lei Municipal 6.178/2014. Trata-se de uma estimativa do poder público, obtida por uma série de critérios técnicos legais, que leva em conta a tentativa de obter o valor que o imóvel alcançaria em uma operação de compra e venda. Em Pelotas o valor venal considera o valor do m² de terreno pela face da quadra, um multiplicador obtido por meio de consultoria privada contratada pelo município. Os demais critérios são: tipologia das construções, fator de redução de imóveis encravados, fator de localização da construção, fator de estado de conservação, fator de condomínio e tabela de pontos.

Após o levantamento dos dados de todos os imóveis cadastrados na cidade, estipulou-se um valor venal como critério divisor entre os imóveis destinados para pessoas dos grupos com baixa renda: imóveis até R$ 200.000,00; e os imóveis para pessoas do grupo de alta renda: imóveis acima de R$ 200.000,00. Esse critério está justificado na proximidade com o teto do valor dos imóveis financiados no sul do Brasil pelo PMCMV, Lei Federal 11.977/2009. Tanto dentro como fora dos condomínios urbanísticos há imóveis com valor venal abaixo e acima do estipulado no critério, o que permitiu mensurar a segregação socioespacial em dois grupos distintos. Estão incluídas no cadastro imobiliário as unidades prediais, como residenciais, comerciais, industriais, e também as territoriais sem edificações.

De acordo com os dados do cadastro imobiliário da Prefeitura Municipal de Pelotas, o município possuía na data de 27/01/2017 um total de 141.533 inscrições na zona urbana, que em princípio corresponde ao número de imóveis urbanos, exceto imóveis ainda sem cadastro. Destes, de acordo com o critério proposto, 32.797 imóveis possuem valor venal maior que R$ 200.000,00, o que representa um percentual de 23,17% do total, enquanto 108.736 possuem um valor venal menor, o que representa 76,83% do total.

O Veredas Altos do Laranjal possui cadastrado atualmente 452 inscrições municipais, após unificações de algumas unidades. Destas, 297 imóveis possuem valor venal maior que R$ 200.000,00, o que representa 65,71% do total, enquanto 155 possuem um valor venal menor, o que representa 34,29% do total. O Lagos de São Gonçalo possui cadastrado atualmente 359 inscrições municipais, após unificações de unidades. Destas 258 possuem valor venal maior que R$ 200.000,00, o que representa 71,87% do total, enquanto 101 possuem valor venal menor, o que representa 28,13% do total. O Alphaville Pelotas, o mais recente dos condomínios urbanísticos, não possui todo seu empreendimento cadastrado, o que inviabiliza analisar empiricamente por este critério de variáveis. No gráfico a seguir é possível visualizar uma segregação baseada na proporção desigual de imóveis com alto valor venal nos condomínios urbanísticos se comparados ao restante da cidade.

Antecipadamente, pode-se observar através das variáveis que proporcionalmente a cidade de Pelotas possui 3,31 vezes mais imóveis com valor venal menor que R$ 200.000,00 em comparação aos imóveis de maior valor. Nos condomínios urbanísticos a proporção é inversa, há um número maior de imóveis com valor elevado se comparado aos de valor menor. Isso porque a grande maioria dos imóveis ainda está sem edificações, pois se houvesse casas em todos os lotes, teríamos exclusivamente imóveis com valor maior que o critério estipulado. O Veredas Altos do Laranjal possui 1,91 vezes mais imóveis com valor venal maior que R$ 200.000,00 em comparação aos imóveis de menor valor. O Lagos de São Gonçalo possui 2,55 vezes mais imóveis com valor venal maior que R$ 200.000,00 em comparação aos imóveis de menor valor.

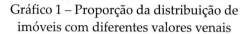

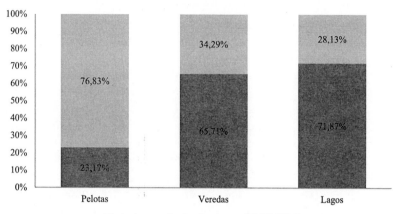

Fonte: Gráfico elaborado pelo autor, com dados do cadastro de imóveis da Prefeitura Municipal de Pelotas.

Os dados totais da cidade quantificam a desigualdade social na zona urbana de Pelotas, através da divisão de imóveis com valor venal estipulado nos dois grupos sociais. Na área urbana total da cidade se verificou 3,31 vezes mais imóveis de menor valor do que de maior, enquanto nos condomínios urbanísticos o índice foi negativo menor que 1, no caso do Veredas Altos do Laranjal 0,52 e no do Lagos de São Gonçalo 0,39. Para que houvesse equilíbrio sem autossegregação socioespacial entre os condomínios urbanísticos e o restante da cidade, considerando o índice de 3,31 vezes mais imóveis com valor menor do que maior, no Veredas Altos do Laranjal deveria haver somente 136,55 imóveis com valor venal maior que R$ 200.000,00, e 315,45 com valor menor. Já no Lagos de São Gonçalo deveria haver 108,45 imóveis com valor venal maior que R$ 200.000,00, e 250,55 com valor menor.

3.3.3 Indicadores de segregação socioespacial nas urbanizações fechadas

O conceito de segregação trata da distribuição irregular dos indivíduos no espaço territorial ou por categorias. No primeiro caso está caracterizada a segregação espacial e no segundo a segregação social.

Analisa-se aqui a segregação socioespacial, relacionando as duas modalidades, com a separação de grupos sociais no espaço geográfico. Com relação aos condomínios urbanísticos não seria necessário nem mesmo quantificar para assegurar a confirmação da hipótese de autossegregação no espaço territorial e nas categorias sociais envolvidas, tudo isso evidenciado nos muros que separam os grupos por poder aquisitivo.

Entretanto, sem a pretensão de esgotar as formas de dimensionar a segregação através de outras metodologias, aplicam-se aqui meios científicos que garantem empiricamente a comprovação da hipótese da pesquisa. A mensuração através de índices de segregação não é uma novidade na literatura especializada, pois já foi utilizada para comparar os dados do Chile em relação aos demais países latinos (VIGNOLI; LUCO, 2003, p. 17), para medir a segregação residencial em São José dos Campos/SP (FEITOSA, 2005), entre outros trabalhos.

Os índices de segregação podem ser classificados em três grandes grupos: indicadores entre um grupo, entre dois grupos e de múltiplos grupos. Em cada grupo existem subdivisões dos indicadores. Para os indicadores de dois grupos sociais, que interessam a esta pesquisa, existem os índices de segregação do tipo: uniformidade (*evennes*), exposição (*exposition*), concentração (*concentration*), centralidade (*centralization*) e agrupamento (*clustering*). Utiliza-se aqui o indicador do tipo uniformidade (*evennes*), devido a sua maior relevância para literatura, tendo por base metodológica obra específica sobre o tema (CARVALHO *et al.*, 2013).

Os índices do tipo *evenness* são analisados para dispersão entre grupos, ou seja, a distribuição dos elementos da população em uma determinada área, chamados também de índices do tipo uniformização. Quando se investiga a existência de segregação entre dois grupos distintos, o mais utilizado sem dúvida é o Índice de Dissimilaridade. Primeiramente os autores Duncan e Duncan criaram o Índice de Dissimilaridade na década de 1950 para mensurar a segregação entre brancos e negros nos EUA (FEITOSA; MONTEIRO; CÂMARA, 2007, p. 88).

Apesar de ser um índice limitado se comparado aos demais, pode-se considerar capaz de atender ao problema proposto com a mensuração da segregação entre dois grupos populacionais localizado em dois locais específicos na zona urbana da cidade, dentro dos condomínios urbanísticos e no restante da cidade. Aliás, esse índice é o mais utilizado e importante para o estudo empírico da segregação residencial por se tratar de um instrumento de fácil entendimento, principalmente para os pesquisadores da área das humanas. Sua maior desvantagem está no fato de não captar a segregação em uma escala maior, dependendo da diferença quantitativa de indivíduos em relação à área total.

Esse índice mede a proporção de equilíbrio na distribuição de grupos populacionais distintos no espaço. O índice varia de 0 com ausência de segregação a 1 com total segregação. O resultado obtido corresponde à proporção de unidades que um grupo social deveria mudar para que a distribuição fosse uniforme na cidade, sem segregação. Um índice entre 0 e 0,3 indica uma pequena segregação, de 0,3 e 0,6 uma média segregação, e acima de 0,6 indica uma grande segregação. Alguns autores criticam a metodologia de mensurar a segregação no sentido que a simplicidade desse índice leva em conta apenas o aspecto sociológico, sem a questão da espacialidade. Entretanto, essa característica não limita a presente pesquisa, uma vez que a espacialidade está bem delimitada pelos muros de proteção dos condomínios urbanísticos. O cálculo do Índice de Dissimilaridade é feito da seguinte forma:

$$ID = \frac{1}{2} \sum_{i=1}^{n} \left[\frac{x_i}{X} - \frac{y_i}{Y} \right]$$

Utilizam-se aqui as mesmas variáveis já mencionadas acerca do valor venal dos imóveis na zona urbana de Pelotas, para definir o indicador de dissimilaridade. Portanto, as variáveis são as seguintes: x_i representa o total dos imóveis dentro do condomínio com valor venal maior que o critério definido de R$ 200.000,00; X representa o total dos imóveis na cidade com valor venal maior que o critério definido; y_i representa o total de imóveis dentro do condomínio com valor venal menor que o critério definido; Y representa o total de imóveis na cidade com valor menor que o critério definido. Assim, para o Veredas Altos do Laranjal: $x_i = 297$; $X = 32.797$; $y_i = 155$; $Y = 108.736$. Para o Lagos de São Gonçalo: $x_i = 258$; $X = 32.797$; $y_i = 101$; $Y = 108.736$. Como já mencionado, o condomínio Alphaville Pelotas não possui todo seu empreendimento cadastrado, o que impede a aplicação de índices com variáveis de valor venal dos imóveis.

Aplica-se o cálculo do Índice de Dissimilaridade através da subtração da diferença entre os grupos com imóveis de valor menor e maior que o estipulado como variável, multiplicado pela metade.

No caso do Veredas Altos do Laranjal a diferença entre os grupos foi de 0,0090 no primeiro e 0,0014 no segundo, cuja subtração e multiplicação pela metade resulta em *ID* = 0,0034. Sendo assim, de acordo com o Índice de Dissimilaridade, 490,95 ou 0,34% do total de imóveis da cidade deveriam ser redistribuídos para ausência de segregação no condomínio analisado. Já no caso do Lagos de São Gonçalo a diferença entre os grupos foi de 0,0078 no primeiro e 0,0009 no segundo, cuja subtração e multiplicação pela metade resultam em *ID* = 0,0038. Posto isso, de acordo com o Índice de Dissimilaridade, 539,96 ou 0,38% do total de imóveis da cidade deveria ser redistribuído para ausência de segregação no condomínio analisado.

Tabela 11 – Índice de Dissimilaridade para
os condomínios de Pelotas/RS

Empreendimento	ID	Percentual	N. de Imóveis
Lagos de São Gonçalo	0,0034	0,34%	490,95
Veredas Altos do Laranjal	0,0038	0,38%	539,96

Fonte: Tabela elaborada pelo autor, com dados do cadastro de imóveis da Prefeitura Municipal de Pelotas.

Com as únicas variáveis possíveis atualmente para mensurar a segregação, foi obtido um índice moderado de segregação. Porém, para uma melhor percepção de índice de segregação dos condomínios fechados em relação ao restante da cidade de Pelotas/RS, o ideal seria a utilização de outros dados ainda não disponíveis, como a renda dos proprietários através do novo Censo Demográfico previsto para o ano de 2022. Ou ainda, através de outras variáveis do valor venal de imóveis, em período futuro em que existam mais residências edificadas dentro dos condomínios fechados, haja vista que atualmente a maioria desses imóveis ainda são terrenos, o que modifica as variáveis por esse critério.

Ainda assim, as variáveis escolhidas permitem mensurar e concluir que há uma crescente concentração de famílias com alto padrão de patrimônio dentro dos condomínios pesquisados. Os resultados obtidos com os indicadores estatísticos garantem a comprovação empírica da hipótese de autossegregação dentro de uma interpretação objetiva do fenômeno dos condomínios fechados, embora ainda considerada uma segregação controlada. A nova morfologia da cidade aparece como arranjo populacional segregado, com cada vez menos interação entre os grupos sociais. Portanto, a nova forma de urbanização fechada aumenta as externalidades como a apropriação de áreas e a autossegregação socioespacial, o que impede o acesso aos recursos e ao planejamento urbano, enfim, a efetivação do direito à cidade.

CONCLUSÃO

A globalização do modelo econômico neoliberal reduziu o papel do poder público nas políticas sociais, o que ocasionou uma enorme concentração de renda nas mãos de poucos, uma crescente desigualdade social. Com isso aumentou também vertiginosamente o número de crimes violentos, principalmente os que envolvem patrimônio. Já o Estado enfraquecido não é mais capaz de manter um padrão de segurança aceitável, por isso de certa forma consente com a autossegregação de grupos sociais privilegiados de grande patrimônio que pretendem proteger seus interesses.

Para os grupos sociais mais privilegiados a solução viável encontrada foi viver em condomínios fechados entre seus iguais, sem a presença dos menos favorecidos que causam insegurança. A partir da década de 1980 os condomínios fechados proliferaram pelo mundo, inicialmente para as famílias ricas em áreas com baixas taxas de densidade populacional, mas logo após também foram utilizados para famílias de baixa renda em locais com muita densidade. Ultimamente pode ser observado o aumento na implantação de condomínios urbanísticos, com a comercialização de lotes ao estilo de loteamentos, com a diferença de que essa parte da cidade é privativa e isolada por muros.

Essas comunidades fechadas do Brasil seguiram o modelo norte-americano, com as mesmas motivações de prestigio social, defesa do crime e busca por uma comunidade homogênea sem pobres. Observa-se um aumento não só da incidência do número de condomínios urbanísticos, mas também aumento de suas áreas, podendo chegar ao tamanho de cidades, com grandes populações. Assim, nota-se mais uma grande contradição do capitalismo, uma vez que as legislações garantem ao mesmo tempo o acesso aos bens urbanos em um modelo democrático de planejamento urbano, e também garantem a implantação de condomínios urbanísticos que restringem justamente o mesmo objeto, o direito a cidades sustentáveis.

Observa-se que a instituição dos condomínios urbanísticos na cidade de Pelotas/RS leva à autossegregação dos grupos sociais mais privilegiados, os que podem pagar altos valores por lotes, luxuosas edificações, impostos e taxas de condomínio. Nessas áreas a densidade foi projetada para ser muito inferior ao restante das áreas habitadas da cidade. Aumentou-se a distância geográfica entre os grupos separados por grandes vazios urbanos e também as áreas de glebas destinadas aos condomínios urbanísticos, o que necessariamente implica em menor crescimento de áreas determinadas ao uso comum do povo. Há uma visível apropriação de áreas que poderiam ser destinadas ao poder público por meio dos loteamentos, mas são utilizadas de forma privativa para seus proprietários, uma vez que na instituição de condomínios não há a obrigatoriedade de doação de parte da gleba ao poder público.

A iniciativa privada não mede esforços para instaurar esse novo produto habitacional, com influência ostensiva nas decisões políticas pela aprovação de legislações locais. São feitas grandes campanhas publicitárias que despertam em qualquer pessoa o sonho de residir em uma cidade perfeita, longe do caos das externalidades do capitalismo decadente. Vale ressaltar que as incorporadoras não encontram resistências para amparar legalmente seus empreendimentos, pois a opinião pública entende como fundamental a existência de cidades privadas para as elites, além do desenvolvimento econômico e produção de vagas de empregos. O poder simbólico do discurso possui tanta força que os próprios excluídos do acesso aos recursos urbanos reproduzem o argumento da autossegregação socioespacial.

Os Planos Diretores, incluído o da cidade de Pelotas/RS, discutidos em audiências públicas e planejados durante anos por servidores de carreira do mais alto nível técnico de conhecimento, são simplesmente desprezados por minutas de projetos de leis redigidas pelos representantes das construtoras. Conselhos democraticamente criados para garantir voz e voto aos diversos atores da sociedade no planejamento urbano são formados na grande maioria por representantes do setor privado. O direito a uma cidade urbanisticamente sustentável, positivado pela Constituição Federal e regulamentado no Estatuto da Cidade, seja como acesso aos bens urbanos ou como direito ao planejamento urbano, torna-se inócuo, mais uma mera ficção legal brasileira.

CONCLUSÃO | **143**

Percebeu-se através da pesquisa que a legislação municipal sobre o tema foi moldada de acordo com os interesses dos empreendedores que possuíam glebas para implantação de grandes condomínios. Há exemplos como o Lagos de São Gonçalo com 35ha, área máxima permitida, o Veredas Altos do Laranjal com também 35ha, e o Alphaville Pelotas com mais de 50ha, mas desmembrado em dois empreendimentos, para atender os limites da legislação.

Em todos os empreendimentos foram observados padrões de segregação socioespacial definidos por indicadores cientificamente utilizados para mensurar esse tipo de impacto, através das variáveis disponíveis. Os índices mostraram uma segregação moderada dentro dos condomínios urbanísticos. Confirmou-se a quantidade de áreas apropriadas se comparadas ao antigo modelo já consolidado de ocupação do solo, como no caso de loteamento com previsão de destinção de áreas ao município, para o sistema viário, áreas verdes, áreas institucionais, equipamentos urbanos. Dessa forma, mesmo que o direito à cidade esteja garantido pelo ordenamento jurídico, a prática demonstra sua não efetividade.

Apesar de o condomínio urbanístico já ser uma modalidade consolidada e irreversível de ocupação do solo em sociedades com elevado grau de desigualdade, deve haver um mínimo de controle social. O poder executivo federal tem o dever de editar projeto de lei como norma geral de aplicação em nível nacional, com parâmetros mínimos e máximos permitidos, a fim de evitar a apropriação privada de espaços urbanos que deveriam ser públicos, bem como da autossegregação socioespacial em grandes espaços territoriais. Por último, o controle exercido pela sociedade civil sobre a administração pública não pode resumir a democracia ao momento do sufrágio. Ao contrário, a sociedade tem a obrigação de ocupar todos os espaços públicos de democracia participativa, em especial os conselhos gestores responsáveis pelo planejamento da cidade, cujo objetivo deve ser o de mudar a cidade e com isso de mudar a nós mesmos.

REFERÊNCIAS

ALFONSIN, Betânia. O Estatuto da cidade e a construção de cidades sustentáveis, justas e democráticas. *Direito e Democracia*, Canoas, v. 2, n. 2, 2001.

ANDRADE, Vera Regina Pereira de. Do (pré) conceito liberal a um novo conceito de cidadania: pela mudança do senso comum sobre a cidadania. *In: Sistema penal máximo x cidadania mínima*. Porto Alegre: Livraria do Advogado, 2003.

BAUMAN, Zigmunt. *Confiança e medo na cidade*. Rio de Janeiro: Jorge Zahar Editor, 2009.

BAUMAN, Zigmunt. *Medo líquido*. Tradução: Carlos Alberto Medeiros. Rio de Janeiro: Jorge Zahar Editor, 2008.

BAUMAN, Zigmunt. *Comunidade*: a busca por segurança no mundo atual. Tradução: Plínio Dentzien. Rio de Janeiro: Jorge Zahar Editor, 2003.

BAUMAN, Zigmunt. *Globalização e as consequências humanas*. Rio de Janeiro: Jorge Zahar Editor, 1999.

BENÍCIO, Hercules Alexandre da Costa. *A dinâmica relação entre autonomia e interdependência dos entes federados em matéria de ordenamento territorial urbano*: a validade da regulação municipal de loteamentos fechados e de condomínios urbanísticos. 2016. Tese (Doutorado em Direito) – Universidade de Brasília, Brasília, 2016.

BLAKELY, Edward James; SNYDER, Mary Gail. Separate places: crime and security in gated communities. *In*: FELSON, Marcus; PEISER, Richard (Orgs.). *Reducing crime through real estate development and management*. Washington, D.C.: Urban Land Institute, 1998. p. 53-70.

BLAKELY, Edward James; SNYDER, Mary Gail. Divided we fall: fated and walled communities in the United States. *In*: ELLIN, Nan; BLAKELY, Edward James (org.). *Architecture of fear*. New York: Princenton Architectural Press, 1997a.

BLAKELY, Edward James; SNYDER, Mary Gail. *Fortress America*: gated communities in the United States. Washington, DC: Brooking Publications, 1997b.

BORSDORF, Axel; JANOSCHKA, Michael. Condominios fechados and barrios privados: the rise of private residential neighbourhoods in Latin America. *In*: GLASZE, Georg; WEBSTER, Chris; FRANTZ, Klaus (Orgs.). *Private cities*: global and local perspectives. London: Routledge, 2006. p. 89-104.

CABRALES BARAJAS, Luis Felipe. Tendencias recientes de las urbanizaciones cerradas y polarizacion residencial em Guadalajara. *In*: SPOSITO, Eliseu Savério; SPOSITO, M. Encarnação Beltrão; SOBARZO, Oscar (orgs.). *Cidades médias*: produção do espaço urbano e regional. São Paulo: Expressão Popular, 2006.

CALDEIRA, Teresa Pires do Rio. *Cidade dos muros*: crime, segregação e cidadania em São Paulo. Tradução: Frank de Oliveira e Henrique Monteiro. São Paulo: Ed. 34; Edusp, 2000.

CALDEIRA, Teresa Pires do Rio. *Enclaves fortificados:* a nova segregação urbana. Tradução: Heloísa Buarque de Almeida. São Paulo: Novos Estudos Cebrap, n. 47, mar. 1997, p. 155-176.

CARVALHO, Alexandre Xavier Ywata de *et al.* Um estudo das metodologias e funcionalidades dos índices de segregação. *Revista Brasileira de Estudos de População*, Rio de Janeiro, v. 30, n. 2, p. 567-594, jul./dez. 2013.

CASTELLS, Manuel. *A questão urbana.* Tradução: Arlene Caetano. Rio de Janeiro: Paz e Terra, 1983. (Coleção Pensamento Crítico, v. 48).

DAVIS, Mike. *Planet of Slums.* London/New York: Verso, 2006.

ELLIN, Nan. Fear in city building. *The Hedghog Review*, Charlottesville, USA, v. 5, n. 3, p. 43-61, Autumn 2003.

ENGELS, Friedrich. *A origem da família, da propriedade privada e do estado.* 9. ed. Tradução: Leandro Konder. Rio de Janeiro: Editora Civilização Brasileira, 1984.

FEITOSA, Flávia da Fonseca. Índices *espaciais para mensurar a segregação residencial:* o caso de São José dos Campos (SP). 2005. Dissertação (Mestrado em Sensoriamento Remoto) – Instituto Nacional de Pesquisas Espaciais, São José dos Campos, 2005.

FEITOSA, Flávia da Fonseca; MONTEIRO, Antônio Miguel; CÂMARA, Gilberto. De conceitos a medidas territoriais: a construção de índices espaciais de segregação urbana. *In*: ALMEIDA, Cláudia Maria de; CÂMARA, Gilberto; MONTEIRO, Antonio Miguel V. (orgs.). *Geoinformação em urbanismo*: cidade real vs. cidade virtual. São Paulo: Oficina de Textos, 2007. p. 86-105.

FERNANDES, Edésio. Constructing the "right to the city" in Brazil. *Social and Legal Studies*, v. 16, n. 2, p. 201-219, 2007.

FREITAS, Eleusina Lavôr Holanda de. *Loteamentos fechados.* 2008. Tese (Doutorado em Arquitetura e Urbanismo) – Faculdade de Arquitetura e Urbanismo, Universidade de São Paulo, São Paulo, 2008.

GIDDENS, Anthony. *As consequências da modernidade.* São Paulo: Editora Unesp, 1991.

GIROIR, Guillaime. The Purple Jade Villas (Beijing): a golden ghetto in red China. *In*: GLASZE, Georg; WEBSTER, Chris; FRANTZ, Klaus (orgs.). *Private cities*: global and local perspectives. London: Routledge, 2006. p. 139-149.

GUTIERREZ, Ester. *Negros, charqueadas e olarias*: um estudo sobre o espaço pelotense. 2. ed. Pelotas: Editora Universitária/UFPEL, 2001.

GUTIERREZ, Ester; GONSALES, Célia. Pelotas: arquitetura e cidade. *In*: RUBIRA, Luís (org.). *Almanaque do bicentenário de Pelotas.* v. 2: Arte e Cultura. Textos de Pesquisadores e Imagens da Cidade. Santa Maria: Pró-Cultura/RS Gráfica e Editora Pallotti, 2014.

HARVEY, David. O direito à cidade. *Lutas Sociais*, São Paulo, n. 29, p.73-89, jul./dez. 2012.

JÜRGENS, Ulrich; LANDMAN, Karina. Gated communities in South Africa. *In*: GLASZE, Georg; WEBSTER, Chris; FRANTZ, Klaus (orgs.). *Private cities*: global and local perspectives. London: Routledge, 2006. p. 105-122.

IANNI, Octavio. *Era do globalismo* 3. ed. Rio de Janeiro: Civilização Brasileira, 1997.

LEFEBVRE, Henri. *O direito* à *cidade*. Tradução: Rubens Eduardo Frias. 5. ed. São Paulo: Centauro, 2001.

LOBATO, Anderson Orestes Cavalcante. O reconhecimento e as garantias constitucionais dos direitos fundamentais. *Cadernos de Direito Constitucional e Ciência Política*. São Paulo: Ed. RT, n. 22, p. 141-159, 1998.

LOW, Setha. The edge and the center: gated communities and the discourse of urban fear. *American Anthropologist*. *New Series*, v. 103, n. 1, p. 45-58, mar. 2001.

MAGALHÃES, Mario Osorio. *História e tradições da cidade de Pelotas*. 3. ed. Pelotas: Editora Armazém Literário, 1999.

MARICATO, Ermínia. *Metrópole na periferia do capitalismo*: ilegalidade, desigualdade e violência. São Paulo: Hucitec, 1996.

MARSHALL, Thomas Humphrey. *Cidadania, classe social e status*. Rio de Janeiro: Zahar, 1967.

McKENZIE, Evan. The Dynamics of Privatopia: Private residential governance in the USA. *In*: GLASZE, Georg; WEBSTER, Chris; FRANTZ, Klaus (orgs.). *Private cities*: global and local perspectives. London: Routledge, 2006. p. 9-28.

PEREIRA, Alaides Catarina dos Santos. *Tensão entre representação do espaço e práticas urbanas*: um estudo sobre novos arranjos de uso e ocupação do espaço social em Pelotas. 2013. Dissertação (Mestrado em Sociologia) – Universidade Federal de Pelotas, Pelotas, 2013.

RAPOSO, Rita. *Condomínios fechados, tempo, espaço e sociedade*: uma perspectiva histórica. *Cadernos Metrópole*, São Paulo, v. 14, n. 27, p. 171-196, jan./jun. 2012.

ROLNIK, Raquel. *O que é cidade*. São Paulo: Brasiliense, 2004. (Coleção Primeiros Passos, 203).

ROUSSEAU, Jean-Jacques. *Discurso sobre a origem e os fundamentos da desigualdade entre os homens*. Tradução: Maria Ermantina Galvão. 2. ed. São Paulo: Martins Fontes, 1999.

SABATINI, Francisco; CÁCERES, Gonzalo; CERDA, Jorge. Segregación residencial en las principales ciudades chilenas: tendencias de las tres últimas décadas y posibles cursos de acción. *Revista EURE*, Santiago do Chile, v. XXVIII, n. 82, p. 21-42, 2001.

SANTOS, Boaventura de Sousa. *Gramática do tempo*: para uma nova cultura política. 3. ed. São Paulo: Cortez, 2010 (Coleção Para um novo senso comum, v. 4).

SANTOS, Boaventura de Sousa. Poderá ser o direito emancipatório?. *Revista Crítica de Ciências Sociais*, n. 65, p. 3-76, mai. 2003.

SANTOS, Milton. *Por uma outra globalização*: do pensamento único à consciência universal. 6. ed. Rio de Janeiro: Record, 2001.

SAULE JÚNIOR, Nelson. *A perspectiva do direito à cidade e da reforma urbana na revisão da lei do parcelamento do solo*. São Paulo: Instituto Pólis, 2008. 112 p. (Cadernos Pólis, 10).

SAULE JÚNIOR, Nelson. *Novas perspectivas do direito urbanístico brasileiro*. Ordenamento constitucional da política urbana. Aplicação e eficácia do plano diretor. Porto Alegre: Sergio Antonio Fabris Editor, 1997. 336 p.

SAULE JÚNIOR, Nelson; UZZO, Karina. A trajetória da reforma urbana no Brasil. *In*: SUGRANYES, Ana; MATHIVET, Charlotte (orgs.). *Cidades para todos*: propostas e experiências pelo direito à cidade. Santiago: Habitat International Coalition, 2010. p. 259-270.

SILVA, José Afonso da. *Direito urbanístico brasileiro*. 7. ed. São Paulo: Malheiros, 2015.

SILVA, Juliana Gadret; POLIDORI, Maurício Couto. Evolução urbana, parcelamento do solo e fragmentação. *Projectare: Revista de arquitetura e urbanismo*, Pelotas, n. 2, p. 88-98, 2008.

STRECK, Lenio Luiz; MORAIS, José Luis Bolzan de. *Ciência política e teoria do estado*. 8. ed. Porto Alegre: Livraria do Advogado, 2014.

SVAMPA, Maristella. *Los que ganaron*: la vida em los countries y barrios privados. 2. ed. Buenos Aires: Biblos, 2008.

UEDA, Vanda. Loteamentos fechados e a produção do espaço urbano: algumas reflexões para o debate. *In*: SPOSITO, Eliseu Savério; SPOSITO, M. Encarnação Beltrão; SOBARZO, Oscar (orgs.). *Cidades médias*: produção do espaço urbano e regional. São Paulo: Expressão Popular, 2006. p. 235-241.

VIDAL-KOPPMANN, Sonia. Ciudades privadas del siglo XXI. Nuevas estrategias del mercado inmobiliario en la periferia metropolitana de Buenos Aires. *Revista de la Facultad de Arquitectura de la Universidad Autónoma de Nuevo León*, v. VI, n. 6, p. 69-86, set. 2012.

VIDAL-KOPPMANN, Sonia. Urbanizaciones cerradas en la RMBA: articulación socio-espacial de actores públicos y privados. *In*: PEREIRA, Paulo Cesar Xavier (org.). *Negócios imobiliários e transformações sócio-territoriais em cidades da América Latina*. São Paulo: FAUUSP, 2011. p. 113-133.

VIGNOLI, Jorge Rodríguez; LUCO, Camilo. *Segregación residencial en* áreas *metropolitanas de América Latina*: magnitud, características, evolución e implicaciones de política. Santiago del Chile: CEPAL, n. 47, out. 2003. (Série Población y Desarrollo).

VIGNOLI, Jorge Rodríguez; LUCO, Camilo. *Segregación residencial socioeconómica: ¿qué es?, ¿cómo se mide?, ¿qué está pasando?, ¿importa?* Santiago: CEPAL, n. 16, ago. 2001. (Série Población y Desarrollo).

VILLAÇA, Flávio. *O espaço intra-urbano no Brasil*. 2. ed. São Paulo: Studio Nobel; FAPESP; Lincoln Institute, 2001.

WACQUANT, Loïc. Que é gueto? Construindo um conceito sociológico. *Revista Sociologia e Política*. Curitiba, n. 23, p. 155-164, nov. 2004.

WEBSTER, Chris; WU, Fulong; ZHAO, Tanjing. China's modern gated cities. *In*: GLASZE, Georg; WEBSTER, Chris; FRANTZ, Klaus (orgs.). *Private cities*: global and local perspectives. London: Routledge, 2006. p. 151-166.

WEHRHAHN, Rainer; RAPOSO, Rita. The rise of gated residential neighbourhoods in Portugal and Spain: Lisbon and Madrid. *In*: GLASZE, Georg; WEBSTER, Chris; FRANTZ, Klaus (orgs.). *Private cities*: global and local perspectives. London: Routledge, 2006. p. 167-186.

Esta obra foi composta em fonte Palatino Linotype, corpo 10
e impressa em papel Offset 75g (miolo) e Supremo 250g (capa)
pela Gráfica Paulinelli.